MESOŽDER KUHARICA NA OTVORENOM

Recepti za divljač za roštilj, pušnicu, štednjak i logorsku vatru

Lana Vincetić

Materijal autorskih prava ©2024

Sva prava pridržana

Nijedan dio ove knjige ne smije se koristiti ili prenositi u bilo kojem obliku ili na bilo koji način bez odgovarajućeg pisanog pristanka izdavača i vlasnika autorskih prava, osim kratkih citata korištenih u recenziji. Ovu knjigu ne treba smatrati zamjenom za medicinske, pravne ili druge stručne savjete.

SADRŽAJ _

SADRŽAJ _ 3
UVOD 7
CRVENO MESO 8
   1. KOBASICA ZA DORUČAK 9
   2. SENDVIČ ZA DORUČAK MESOJEDA 11
   3. LONAC ZA DORUČAK SA SLANINOM I KOBASICAMA 13
   4. REBRASTI ODRESCI S TAVOM 15
   5. ŠKOTSKA JAJA 17
   6. MESNE OKRUGLICE OD SIRA 19
   7. ODREZAK GRUMENČIĆI 21
   8. JANJEĆI KOTLETI NA ŽARU 23
   9. PEČENI JANJEĆI BUT 25
   10. RAMEN SVINJSKA JUHA 27
   11. PRŽENI SVINJSKI FILE 29
   12. PEČENA JAJA MESOJEDA 31
   13. PIRJANA SVINJSKA POTRBUŠINA 33
   14. RAJČICA I GOVEDINA PODRŠKA 35
   15. GOVEDINA I BROKULA 37
   16. CRNI PAPAR GOVEDINA PODRŠKA 39
   17. MONGOLSKA GOVEDINA 41
   18. SEČUANSKA GOVEDINA SA CELEROM I MRKVOM 43
   19. HOISIN ŠALICE OD ZELENE SALATE OD GOVEDINE 46
   20. PRŽENI SVINJSKI KOTLETI S LUKOM 48
   21. SVINJETINA S PET ZAČINA S BOK CHOYEM 51
   22. HOISIN SVINJETINA PODRŠKA 53
   23. DVAPUT KUHANA SVINJSKA POTRBUŠINA 55
   24. MU SHU SVINJETINA S PALAČINKAMA NA TAVI 58
   25. SVINJSKA REBARCA S UMAKOM OD CRNOG GRAHA 61
   26. PRŽENA MONGOLSKA JANJETINA 63
   27. JANJETINA S ĐUMBIROM I PORILUKOM 65
   28. TAJLANDSKA GOVEDINA S BOSILJKOM 68

29. Kineska BBQ svinjetina 70
30. Svinjska peciva pečena na pari 73
31. Kantonska pečena svinjska potrbušina 76

BIJELO MESO 79

32. Kremna pileća juha s češnjakom 80
33. Pileća krilca 82
34. Jednostavna pržena pileća prsa 84
35. Hrskavi pileći bataci 86
36. Mesojedi pileći grumenčići 88
37. Zadimljen mesne okruglice od slanine 90
38. Pirjajte pileću slaninu 92
39. Mesne okruglice od feferona 94
40. Pileći batak s koricom od parmezana 96
41. Piletina s češnjakom i maslacem 98
42. Pileći zalogaji umotani u slaninu od češnjaka 100
43. Pileći ražnjići (Ćevapi) 102
44. Vafli mesojeda 104
45. Pomfrit za mesojede 106
46. Pileći bataci na žaru s marinadom od češnjaka 108
47. Kung Pao piletina 110
48. Brokula Piletina 112
49. Piletina s koricom mandarine 114
50. Piletina od indijskih oraha 117
51. Piletina i povrće s umakom od crnog graha 120
52. Piletina od zelenog graha 122
53. Piletina u umaku od sezama 124
54. Slatko-kisela piletina 127
55. Moo Goo Gai Pan 130
56. Jaje Foo Yong 133
57. Rajčica Jaje Podrška 135
58. Škampi i kajgana 137
59. Pikantna krema od jaja kuhana na pari 139
60. Kineska pečena pileća krilca za van 141
61. Tajlandska piletina s bosiljkom 143

RIBA I PLODOVI MORA 145

62. Zalogaji lososa i krem sira 146
63. Pečeni riblji fileti 148
64. Kolači od lososa 150
65. Splitski jastog na žaru 152
66. Juha od ribljih kostiju 154
67. Škampi s maslacem od češnjaka 156
68. Škampi na žaru 158
69. Ghee i češnjak prženi bakalar 160
70. Škampi sa soli i paprom 162
71. Pijani škampi 164
72. Prženi škampi na šangajski način 166
73. Škampi od oraha 168
74. Baršunaste Jakobove kapice 171
75. Plodovi mora i povrće Podrškas rezancima 173
76. Cijela riba kuhana na pari s đumbirom i mladim lukom 176
77. Pržena riba s đumbirom i Bok Choy 179
78. Dagnje u umaku od crnog graha 181
79. Kokosov curry rak 183
80. Lignje s crnim paprom pržene u dubokom ulju 185
81. Pržene kamenice s konfetima od čilija i češnjaka 187
82. Air Fryer kokos škampi 189
83. Friteza limun paparŠkampi 191
84. Škampi umotani u slaninu 193
85. Nevjerojatne školjke rakova 195
86. Šampinjoni punjeni škampima 197
87. američki Ceviche 199
88. Okruglice od svinjetine i škampa 201
89. Predjelo Ćevapi od kozica 203
90. Meksički koktel od škampa 205

MESO ORGANA 207

91. Goveđi jezik pečen u tavi 208
92. Marokanski ćevapi od jetre 210
93. Quiche za mesojede 212
94. Jednostavno goveđe srce 214
95. Torta mesojeda 216
96. Jednostavni zalogaji goveđih bubrega 218

97. Burgeri od goveđe i pileće jetrice 220
98. Pileća Srca 222
99. Pečena koštana srž 224
100. Pašteta od pileće jetre 226

ZAKLJUČAK **228**

UVOD

Zakoračite u prirodu i krenite u kulinarsku avanturu s "Mesožder Kuharica Na Otvorenom", gdje se mirisi dima s roštilja, pucketanje logorske vatre i cvrčanje divljači spajaju kako bi stvorili simfoniju okusa. Ova kuharica je vaš vodič za podizanje razine kuhanja na otvorenom, nudeći zbirku recepata za divljač dizajniranih za roštilj, pušnicu, peć za kampiranje i logorsku vatru. Bilo da ste iskusni lovac ili ljubitelj gozbi na otvorenom, pripremite se za uživanje u uzbuđenju lova i zadovoljstvu kuhanja svoje žetve pod otvorenim nebom.

Zamislite druženje oko logorske vatre, divljinu koja odjekuje zvukovima prirode i iščekivanje gozbe napravljene od blagodati prirode. " Mesožder Kuharica Na Otvorenom " više je od puke zbirke recepata; to je oda povezanosti između lovca, zemlje i ukusnih nagrada koje dolaze od kuhanja u divljini.

Od savršeno pečenih srnećih odrezaka do slanih gulaša uz logorsku vatru i neodoljive dimljene divljači, svaki recept je slavlje divljih okusa koje priroda pruža. Bilo da ste u srcu zaleđa, u kampu uz jezero ili jednostavno u svom dvorištu, ovi su recepti osmišljeni kako bi kuhanje na otvorenom učinili nezaboravnim i ukusnim iskustvom.

Pridružite nam se dok istražujemo umijeće pečenja na roštilju, dimljenja i kuhanja na logorskoj vatri s divljači. " Mesožder Kuharica Na Otvorenom " vaš je pratilac u svladavanju elemenata, uživanju u plodovima lova i stvaranju nezaboravnih obroka na otvorenom koji okupljaju ljude oko vatre.

Dakle, potpalite vatru, pripremite svoju opremu i zaronimo u divlji i ukusni svijet kuhanja na otvorenom s " Mesožder Kuharica Na Otvorenom "

CRVENO MESO

1. Kobasica za doručak

SASTOJCI:
- 1 ½ funte mljevene svinjetine ili govedine ili mješavine oba
- ¾ žličice sušenog peršina
- ½ žličice papra
- ¼ žličice mljevene crvene paprike
- 2 žlice masti od slanine ili ghee ili svinjske masti
- 1 ½ žličica soli ili po ukusu
- ½ žličice sušene kadulje
- ¼ žličice sjemena komorača
- ½ žličice mljevenog korijandera

UPUTE:
a) U zdjelu dodajte meso, sol, sušeno bilje i začine te dobro promiješajte.
b) Napravite 12 pljeskavica i ispecite ih na masnoći od slanine. Kuhajte dok ne porumeni.
c) Okrenite polpete i dobro ispecite s obje strane.
d) Izvadite pljeskavice i stavite ih na papirnate ubruse.
e) Na isti način skuhajte i preostale kobasice.
f) Ove polpete s kobasicama možete zamrznuti. Za to, kada se kobasice ohlade, prebacite ih na lim za pečenje i zamrznite dok se ne stvrdnu.
g) Izvadite smrznute kobasice iz lima za pečenje i stavite ih u vrećice za zamrzavanje. Kobasice možete zamrzavati do 6 mjeseci.
h) Ako ih ne želite zamrzavati, stavite kobasice u hermetički zatvorenu posudu u hladnjak. Iskoristiti unutar 5-6 dana.

2.Sendvič za doručak mesojeda

SASTOJCI:
- 4 kobasice
- 2 kriške cheddar sira (2 unce)
- 2 jaja
- 2 žličice maslaca ili masti od slanine
- Posolite i popaprite po ukusu

UPUTE:
a) Spljoštite pljeskavice na oko ½ inča debljine.
b) Stavite tavu na srednju vatru. Dodajte 1 žličicu maslaca. Nakon što se maslac otopi, stavite pljeskavice u tavu.
c) Pecite dok donja strana ne porumeni. Preokrenite pljeskavice i dobro ispecite i s druge strane.
d) Izvadite pljeskavice iz tave pomoću šupljikave žlice i stavite ih na slojeve papirnatih ručnika da se ocijede.
e) Dodajte još jednu žličicu maslaca u tavu. Nakon što se maslac otopi, razbijte jaja u tavu. Skuhajte jaja sunčanom stranom prema gore. Začinite jaja solju i paprom.
f) Za pripremu sendviča: Stavite 2 pljeskavice na tanjur i stavite jaje na svaku pljeskavicu, a zatim krišku sira. Sendvič dovršite prekrivanjem preostalim pljeskavicama i poslužite.

3.Lonac za doručak sa slaninom i kobasicama

SASTOJCI:
- 6 jaja
- 6 kriški slanine, kuhane izmrvljene
- 1 šalica ribanog parmezana
- ¾ funte kobasice
- 6 žlica gustog vrhnja
- 1 žličica ljutog umaka
- Začini po izboru

UPUTE:
a) U vatrostalnu posudu dodajte malo životinjske masti i dobro je namastite.
b) Provjerite je li vaša pećnica prethodno zagrijana na 350° F.
c) Stavite tavu s kobasicama na srednju vatru. Kuhajte dok ne porumeni. Morate ga izmrviti dok se kuha. Isključite vatru.
d) Dodajte slaninu i dobro promiješajte. Rasporedite mesnu smjesu u tepsiju.
e) Pospite ½ šalice sira preko mesa.
f) U blenderu izmiksajte jaja, vrhnje, ljuti umak i začine dok smjesa ne postane glatka.
g) Pokapajte preko sloja mesa i sira. Po vrhu pospite preostali sir.
h) Pecite tepsiju oko 30 minuta ili dok se iznutra dobro ne skuha. Za provjeru umetnite nož u sredinu posude i odmah ga izvucite. Ako ima čestica na nožu, pecite još nekoliko minuta.
i) Ohladite 10-12 minuta i poslužite.

4.Rebrasti odresci s tavom

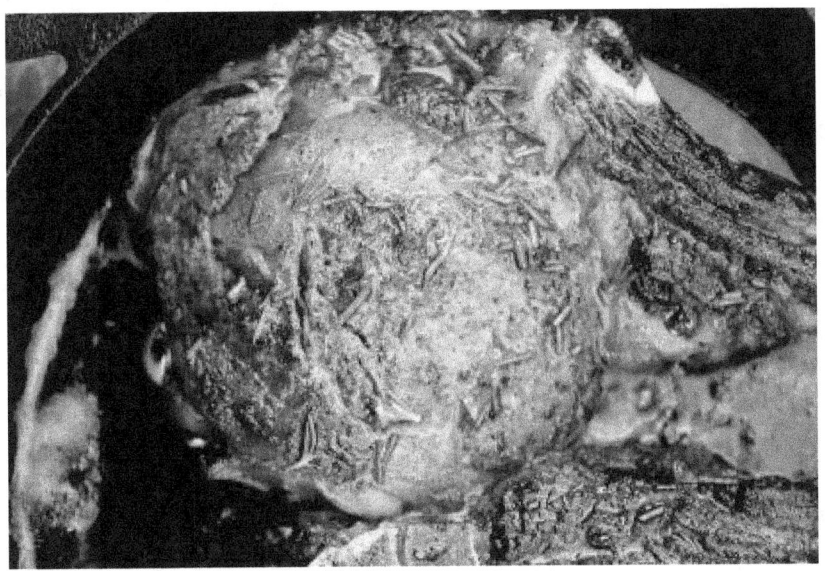

SASTOJCI:
- 2 rebrasta odreska s kostima (debljine 1 ¼ - 1 ½ inča)
- 4 žličice sitno nasjeckanih listova svježeg ružmarina
- 2 žlice maslinovog ulja
- 2 žličice začina Stone House ili bilo kojeg drugog začina po želji
- 2 žlice neslanog maslaca

UPUTE:
a) Odreske pospite začinima. Dobro ga utrljajte u njega.
b) Stavite ga na lim za pečenje i preko njega pospite listiće ružmarina.
c) Pokrijte lim za pečenje prozirnom folijom i stavite u hladnjak. Ostat će svježi do 3 dana.
d) Izvadite lim za pečenje iz hladnjaka 30 minuta prije pečenja i stavite ga na radnu površinu.
e) Stavite tavu na srednje jaku vatru i ostavite da se zagrije. Dodajte ulje i maslac i pričekajte da se maslac otopi.
f) Stavite odreske u tavu.
g) Za rijetko: Pecite 2-3 minute sa obje strane, da biftek sa svih strana porumeni. Podlijte odreske tekućinom dok se nastavlja kuhati.
h) Hvataljkom (stražnji dio) pritisnite biftek u sredini. Kad omekša, izvadite biftek iz posude i stavite ga na dasku za rezanje.
i) Za srednje: Kuhajte 4 minute ili dok donja strana ne porumeni. Jednom okrenite strane i pecite drugu stranu 4 minute. Tijekom kuhanja odreske podlijevajte kuhanom tekućinom.
j) Pomoću hvataljki pritisnite odrezak u sredini. Ako je malo tvrđe, izvadite odreske iz tave.
k) Za well done: Kuhajte 5-6 minuta ili dok donja strana ne porumeni. Jednom okrenite strane i pecite drugu stranu 5-6 minuta. Tijekom kuhanja odreske podlijevajte kuhanom tekućinom.
l) Hvataljkom (stražnji dio) pritisnite biftek u sredini. Ako je jako čvrst, izvadite odreske iz tave.
m) Kada su odresci pečeni po vašoj želji, izvadite odreske iz tave i stavite ih na dasku za rezanje.
n) Odrezak pokriti folijom i ostaviti da odstoji 5 minuta.
o) Narežite naspram zrna i poslužite.

5.Škotska jaja

SASTOJCI:
- 3 srednja jaja, tvrdo kuhana, oguljena
- 1 žličica bilja ili začina po izboru
- ¼ žličice soli ili po ukusu
- ½ funte mljevenog crvenog mesa po izboru
- Biber po ukusu (po želji)

UPUTE:
a) Zagrijte pećnicu na 350° F.
b) Osušite jaja tapkajući kuhinjskom krpom.
c) Koristite bilo koje začine po želji. Nekoliko prijedloga su curry u prahu, senf, peršin, talijanski začini ili Old Bay .
d) Po mogućnosti koristite nemasno meso, inače bi se meso koje pokriva jaje moglo odvojiti kada se masnoća otopi.
e) Pomiješajte meso, sol i papar u posudi. Smjesu podijelite na 3 jednaka dijela.
f) Uzmite dio mesa i spljoštite ga dlanom. U sredinu staviti jaje i obložiti jaje mesom (kao knedlu). Stavite u podmazan pleh.
g) Ponovite prethodni korak i napravite druga škotska jaja.
h) Stavite lim za pečenje u pećnicu i pecite oko 25 do 30 minuta ili dok na vrhu ne porumeni.

6.Mesne okruglice od sira

SASTOJCI:
- 1 unca svinjskih kora
- 1 funta mljevene govedine hranjene travom
- ½ žličice ružičaste morske soli
- Mješavina talijanskog sira od 1 ½ unce
- 1 veće pašeno jaje
- ½ žlice svinjske masti

UPUTE:
a) Pripremite lim za pečenje obložite ga papirom za pečenje. Zagrijte pećnicu na 350° F.
b) Pomiješajte govedinu, svinjske kožice, sol, jaje, sir i mast u zdjeli. Od smjese napravite 12 jednakih dijelova i oblikujte kuglice. Stavite kuglice na lim za pečenje.
c) Polpete pecite oko 20-30 minuta. Okrenite kuglice nakon otprilike 10-12 minuta pečenja. Kada su mesne okruglice dobro pečene, unutarnja temperatura u središtu ćufte trebala bi biti 165°F.
d) Možete kuhati mesne okruglice u fritezi ako je imate. Okrenite kuglice nekoliko puta dok se peku u fritezi.
e) Izvadite polpete iz tave i poslužite.

7.Odrezak Grumenčići

SASTOJCI:
- Odrezak od 2 funte jelena ili goveđi odrezak, nasjeckan na komade
- Svinjska mast, po potrebi, pržiti
- 2 velika pašena jaja

POHANJE
- 1 šalica ribanog parmezana
- 1 žličica začinjene soli
- 1 šalica svinjskog pankoa

UPUTE:
a) U posudi istucite jaja.
b) Dodajte svinjski panko, sol i parmezan u plitku zdjelu i promiješajte.
c) Prvo umočite komade odreska u jaje, jedan po jedan. Otresite višak tekućine, potopite ga u mješavinu parmezana i stavite na tanjur.
d) Ponovite ovaj postupak s preostalim komadima odreska.
e) U dublji pleh ulijte dovoljno masti. Stavite posudu na srednju vatru i pustite da se mast zagrije.
f) Kad se ulje zagrije na oko 325°F, pažljivo ubacite nekoliko pohanih komada odreska u ulje. Okrenite komade odreska nekoliko puta kako bi se posvuda jednolično zapekli.
g) Odrezak izvadite šupljikavom žlicom i stavite na tanjur koji ste obložili papirnatim ručnicima. Pustite da se ocijedi nekoliko minuta.
h) Na sličan način pecite preostale komade odreska (koraci 6-7). Poslužiti.

8.Janjeći kotleti na žaru

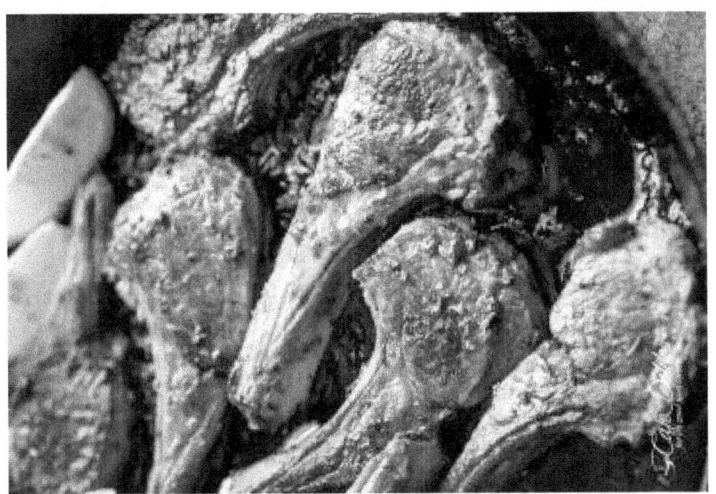

SASTOJCI:
- 4 janjeća kotleta (¾ inča debljine)
- ½ žlice sitno nasjeckanog svježeg ružmarina
- Posolite po ukusu
- 1 ½ žlica ekstra djevičanskog maslinovog ulja
- 2 režnja češnjaka, oguljena, nasjeckana
- Svježe mljeveni papar po ukusu

UPUTE:
a) U zdjelu dodajte ružmarin, sol, ulje, češnjak i papar te dobro promiješajte.
b) Ovom smjesom premažite kotlete i stavite u zdjelu. Ostavite da se marinira oko 15 minuta.
c) U međuvremenu postavite roštilj i zagrijte ga na srednje jako. Možete ga ispeći i u grill tavi.
d) Za rijetko: Kuhajte 2-3 minute ili dok donja strana ne postane svijetlo zlatno smeđa. Jednom okrenite strane i pecite drugu stranu 2-3 minute.
e) Za srednje pečeno: Kuhajte 4 minute ili dok donja strana ne porumeni. Jednom okrenite strane i pecite drugu stranu 4 minute.
f) Izvadite šupljikavom žlicom i stavite na tanjur za posluživanje koji ste obložili papirom za pečenje.
g) Poslužite nakon što je odstajalo 5 minuta.

9. Pečeni janjeći but

SASTOJCI:
- 2 režnja češnjaka, oguljena, narezana na ploške
- Posolite po ukusu
- 2 ½ funte janjećeg buta
- Nekoliko grančica svježeg ružmarina
- Papar po ukusu

UPUTE:
a) Pripremite pleh za pečenje namastite ga s malo masti. Provjerite je li vaša pećnica prethodno zagrijana na 350° F.
b) Napravite nekoliko proreza po janjetini. Napunite proreze ploškama češnjaka.
c) Janjeće nogice obilno pospite solju i paprom.
d) Po tavi pospite nekoliko grančica ružmarina i preko toga poslažite janjeće nogice. Po krakovima također pospite grančice ružmarina.
e) Pecite oko 1 sat i 30 minuta ili onako kako vam je draže. Za srednje pečeno, unutarnja temperatura u sredini najdebljeg dijela mesa trebala bi biti 135°F.

10. Ramen svinjska juha

SASTOJCI:
- 1,1 kilograma svinjskih kostiju, nasjeckanih na velike komade
- 2 ¾ funte svinjskih kasača, samo dio buta, nasjeckan na manje komade
- 1 trup piletine
- 5,3 unce svinjske kože
- 7 ½ litre vode i dodatno za blanširanje

UPUTE:
a) Za blanširanje kostiju: uzmite veliki lonac. U to stavite svinjske kasače i svinjske kosti. Nalijte toliko vode da prekrije kosti.
b) Stavite lonac na srednju vatru. Ostavite da vrije oko 10 minuta. Maknite s vatre. Izvadite kosti i ostavite sa strane.
c) Odbacite vodu i dobro isperite lonac.
d) Oštrim nožem očistite kosti od krvnih ugrušaka i šljama. Obavezno uklonite sve.
e) Dodajte 7,5 litara vode u veliki lonac. Pustite da prokuha. Dodajte kosti u lonac. Također dodajte svinjsku kožu.
f) Smanjite vatru i pustite da lagano kuha.
g) U početku će ološ početi plutati na vrh. Velikom žlicom uklonite naslage i bacite ih. Odrežite i višak masnoće.
h) Pokrijte lonac poklopcem i kuhajte oko 12-15 sati. Zaliha bi se smanjila u količini i bit će gušća i pomalo mutna.
i) Maknite s vatre. Kad se ohladi procijediti u veliku staklenku sa mrežastom cjediljkom.
j) Stavite u hladnjak na 5-6 dana. Neiskorišteni bujon može se zamrznuti.
k) Za posluživanje: Dobro zagrijte. Posolite i popaprite po ukusu i poslužite.

11. Prženi svinjski file

SASTOJCI:
- Svinjski file od 2 funte, narezan na četvrtine
- Posolite i popaprite po ukusu
- 2 žlice gheeja ili svinjske masti

UPUTE:
a) Stavite veliku tavu na srednju vatru. Dodajte masnoću i pustite da se otopi.
b) Dodajte svinjetinu i kuhajte nekoliko minuta bez ometanja. Okrenite i pecite druge strane na sličan način dok unutarnja temperatura mesa u najdebljem dijelu ne pokaže 145°F.
c) Izvadite svinjetinu iz tave i stavite je na dasku za rezanje. Kad se dovoljno ohladi za rukovanje, izrežite ga na kriške debljine 1 inča. Poslužiti.

12. Pečena jaja mesojeda

SASTOJCI:
- ½ žlice slanog maslaca
- ½ žličice sušenog peršina
- ¼ žličice mljevene dimljene paprike
- 2 velika jaja
- 3,5 unce mljevene govedine
- ½ žličice mljevenog kima
- Posolite i popaprite po ukusu
- ¼ šalice ribanog cheddar sira

UPUTE:
a) Zagrijte pećnicu na 400°F.
b) Dodajte maslac u malu tavu otpornu na pećnicu i stavite ga na jaku vatru te ostavite da se otopi.
c) Dodajte govedinu i kuhajte minutu, cijelo vrijeme miješajući.
d) Umiješajte papriku, sol, papar, kumin i peršin. Lomite meso dok se kuha. Isključite vatru.
e) Smjesu mesa ravnomjerno rasporedite po cijeloj posudi. U tepsiji napravite 2 rupe. Rupe trebaju biti dovoljno velike da u njih stane jaje.
f) U svaku udubinu razbijte po jedno jaje.
g) Stavite tavu u pećnicu i pecite dok jaja ne budu pečena onako kako želite.

13. Pirjana svinjska potrbušina

SASTOJCI:
- 3/4 lb. nemasne svinjske potrbušine, s kožom
- 2 žlice ulja
- 1 žlica šećera (poželjan kameni šećer ako ga imate)
- 3 žlice shaoxing vina
- 1 žlica običnog soja umaka
- ½ žlice tamnog soja umaka
- 2 šalice vode

UPUTE:

a) Započnite rezanjem svinjske potrbušine na komade debljine 3/4 inča.

b) Zakuhajte lonac vode. Komade svinjske potrbušine blanširajte par minuta. Time se uklanjaju nečistoće i započinje proces kuhanja. Svinjetinu izvadite iz lonca, operite i ostavite sa strane.

c) Na laganoj vatri dodajte ulje i šećer u svoj wok. Šećer malo otopiti i dodati svinjetinu. Pojačajte vatru na srednju i kuhajte dok svinjetina lagano ne porumeni.

d) Ponovno smanjite vatru i dodajte shaoxing vino za kuhanje, obični sojin umak, tamni sojin umak i vodu.

e) Poklopite i pirjajte oko 45 minuta do 1 sat dok svinjetina ne omekša. Svakih 5-10 minuta promiješajte da ne zagori i dodajte još vode ako postane presuho.

f) Nakon što je svinjetina vilica omekšana, ako još uvijek ima puno vidljive tekućine, otkrijte wok, pojačajte vatru i neprestano miješajte dok se umak ne smanji do svjetlucave prevlake.

14. Rajčica i govedina Podrška

SASTOJCI:
- ¾ funte flank ili skirt odrezak, narezan na ploške debljine ¼ inča
- 1½ žlice kukuruznog škroba, podijeljeno
- 1 žlica Shaoxing rižinog vina
- Košer soli
- Mljeveni bijeli papar
- 1 žlica paste od rajčice
- 2 žlice svijetlog soja umaka
- 1 žličica sezamovog ulja
- 1 žličica šećera
- 2 žlice vode
- 2 žlice biljnog ulja
- 4 oguljene svježe kriške đumbira, svaka veličine četvrtine
- 1 velika ljutika, tanko narezana
- 2 češnja češnjaka, sitno nasjeckana
- 5 velikih rajčica, svaka izrezana na 6 klinova
- 2 mladog luka, odvojeni bijeli i zeleni dio, tanko narezana

UPUTE:
a) U maloj posudi pomiješajte govedinu s 1 žlicom kukuruznog škroba, rižinim vinom i malim prstohvatom soli i bijelog papra. Ostavite sa strane 10 minuta.
b) U drugoj maloj posudi pomiješajte preostalih ½ žlice kukuruznog škroba, pastu od rajčice, svijetlu soju, sezamovo ulje, šećer i vodu. Staviti na stranu.
c) Zagrijte wok na srednje jakoj vatri dok kap vode ne zacvrči i ne ispari pri dodiru. Ulijte biljno ulje i vrteći premažite podlogu woka. Začinite ulje dodavanjem đumbira i prstohvatom soli. Ostavite đumbir da cvrči u ulju oko 30 sekundi, lagano vrteći.
d) Prebacite govedinu u wok i miješajući pržite 3 do 4 minute dok više ne postane ružičasta. Dodajte ljutiku i češnjak i miješajući pržite 1 minutu. Dodajte rajčice i mladi luk i nastavite pržiti.
e) Umiješajte umak i nastavite miješajući pržiti 1 do 2 minute, ili dok se govedina i rajčice ne prekriju i umak malo zgusne.
f) Odbacite đumbir, prebacite ga na pladanj i ukrasite zelenim lukom. Poslužite vruće.

15. Govedina i brokula

SASTOJCI:
- odrezak od ¾ funte, izrezan poprečno na kriške debljine ¼ inča
- 1 žlica sode bikarbone
- 1 žlica kukuruznog škroba
- 4 žlice vode, podijeljene
- 2 žlice umaka od kamenica
- 2 žlice Shaoxing rižinog vina
- 2 žličice svijetlo smeđeg šećera
- 1 žlica hoisin umaka
- 2 žlice biljnog ulja
- 4 oguljene kriške svježeg đumbira, otprilike veličine četvrtine
- Košer soli
- Brokula od 1 funte, narezana na cvjetiće veličine zalogaja
- 2 češnja češnjaka, sitno nasjeckana

UPUTE:
a) U maloj zdjeli pomiješajte govedinu i sodu bikarbonu za premaz. Ostavite sa strane 10 minuta. Meso dobro operite i osušite papirnatim ručnicima.
b) U drugoj maloj posudi pomiješajte kukuruzni škrob s 2 žlice vode i umiješajte umak od kamenica, rižino vino, smeđi šećer i umak od hoisina. Staviti na stranu.
c) Zagrijte wok na srednje jakoj vatri dok kap vode ne zacvrči i ne ispari pri dodiru. Ulijte ulje i vrteći premažite podlogu woka. Začinite ulje dodavanjem đumbira i prstohvatom soli. Ostavite đumbir da cvrči u ulju oko 30 sekundi, lagano vrteći. Dodajte govedinu u wok i miješajući pržite 3 do 4 minute dok više ne postane ružičasta. Prebacite govedinu u zdjelu i ostavite sa strane.
d) Dodati brokulu i češnjak i miješajući pržiti 1 minutu, zatim dodati preostale 2 žlice vode. Pokrijte wok i kuhajte brokulu na pari 6 do 8 minuta dok ne postane hrskava.
e) Vratite govedinu u wok i miješajte umak 2 do 3 minute, dok se potpuno ne prekrije i dok se umak malo ne zgusne. Odbacite đumbir, prebacite ga na pladanj i poslužite vruće.

16. Crni papar Govedina Podrška

SASTOJCI:
- 1 žlica umaka od kamenica
- 1 žlica Shaoxing rižinog vina
- 2 žličice kukuruznog škroba
- 2 žličice svijetlog soja umaka
- Mljeveni bijeli papar
- ¼ žličice šećera
- ¾ funte vrhova goveđeg filea ili vrhova pečenice, izrezanih na komade od 1 inča
- 3 žlice biljnog ulja
- 3 oguljene kriške svježeg đumbira, svaka veličine četvrtine
- Košer soli
- 1 zelena paprika, narezana na ½ inča široke trake
- 1 manji crveni luk, tanko narezan na trakice
- 1 žličica svježe mljevenog crnog papra ili više po ukusu
- 2 žličice sezamovog ulja

UPUTE:

a) U zdjeli za miješanje pomiješajte umak od kamenica, rižino vino, kukuruzni škrob, svijetlu soju, prstohvat bijelog papra i šećer. Bacite govedinu da se obloži i marinirajte 10 minuta.

b) Zagrijte wok na srednje jakoj vatri dok kap vode ne zacvrči i ne ispari pri dodiru. Ulijte biljno ulje i vrteći premažite podlogu woka. Dodajte đumbir i prstohvat soli. Ostavite đumbir da cvrči u ulju oko 30 sekundi, lagano vrteći.

c) Pomoću hvataljki prebacite govedinu u wok i bacite preostalu marinadu. Pržite na woku 1 do 2 minute ili dok se ne dobije smeđa zapečena korica. Okrenite govedinu i pecite s druge strane, još 2 minute. Pržite, miješajući i okrećući u woku još 1 do 2 minute, a zatim prebacite govedinu u čistu zdjelu.

d) Dodajte papriku i luk i pržite uz miješanje 2 do 3 minute, ili dok povrće ne postane sjajno i mekano. Vratite govedinu u wok, dodajte crni papar i pržite zajedno još 1 minutu.

e) Odbacite đumbir, prebacite ga na pladanj i pospite sezamovim uljem po vrhu. Poslužite vruće.

17. Mongolska govedina

SASTOJCI:
- 2 žlice Shaoxing rižinog vina
- 1 žlica tamnog soja umaka
- 1 žlica kukuruznog škroba, podijeljena
- Odrezak od boka od pola kilograma, narezan na ploške debljine ¼ inča
- ¼ šalice pileće juhe s niskim sadržajem natrija
- 1 žlica svijetlo smeđeg šećera
- 1 šalica biljnog ulja
- 4 ili 5 cijelih suhih crvenih kineskih čilija
- 4 češnja češnjaka grubo nasjeckana
- 1 žličica oguljenog sitno nasjeckanog svježeg đumbira
- ½ žutog luka, tanko narezanog
- 2 žlice grubo nasjeckanog svježeg cilantra

UPUTE:
a) U zdjeli za miješanje pomiješajte rižino vino, tamnu soju i 1 žlicu kukuruznog škroba. Dodajte narezani odrezak s boka i pomiješajte. Ostavite sa strane i marinirajte 10 minuta.
b) Ulijte ulje u wok i zagrijte ga na 375°F na srednje jakoj vatri. Možete vidjeti da je ulje na odgovarajućoj temperaturi kada umočite vrh drvene žlice u ulje. Ako ulje mjehuri i cvrči oko njega, ulje je spremno.
c) Izvadite govedinu iz marinade, a marinadu ostavite. U ulje dodajte junetinu i pržite 2 do 3 minute, dok ne dobije zlatnu koricu. Pomoću lopatice za wok prebacite govedinu u čistu zdjelu i stavite je sa strane. Dodajte pileću juhu i smeđi šećer u zdjelu za marinadu i promiješajte da se sjedini.
d) Iz woka izlijte sve osim 1 žlice ulja i stavite ga na srednje jaku vatru. Dodajte čili papričice, češnjak i đumbir. Ostavite arome da cvrče u ulju oko 10 sekundi, lagano vrteći.
e) Dodajte luk i pržite uz miješanje 1 do 2 minute, ili dok luk ne omekša i postane proziran. Dodajte mješavinu pileće juhe i promiješajte da se sjedini. Pirjajte oko 2 minute, zatim dodajte junetinu i sve zajedno miješajte još 30 sekundi.
f) Prebacite na pladanj, ukrasite cilantrom i poslužite vruće.

18. Sečuanska govedina sa celerom i mrkvom

SASTOJCI:
- 2 žlice Shaoxing rižinog vina
- 1 žlica tamnog soja umaka
- 2 žličice sezamovog ulja
- ¾ funte flank ili skirt odrezak, narezan na ploške debljine ¼ inča
- 1 žlica hoisin umaka
- 2 žličice svijetlog soja umaka
- 2 žličice vode
- 2 žlice kukuruznog škroba, podijeljene
- ¼ žličice kineskih pet začina u prahu
- 2 žlice biljnog ulja
- 1 žličica zdrobljenog sečuanskog papra
- 4 oguljene svježe kriške đumbira, svaka veličine četvrtine
- 3 češnja češnjaka, lagano zgnječena
- 2 stabljike celera, narezane na julien na trake od 3 inča
- 1 velika mrkva, oguljena i narezana na trakice od 3 inča
- 2 mladog luka, tanko narezana

UPUTE:

a) U zdjeli za miješanje pomiješajte rižino vino, tamnu soju i sezamovo ulje. Dodajte govedinu i promiješajte da se sjedini. Ostavite sa strane 10 minuta. U maloj posudi pomiješajte hoisin umak, svijetlu soju, vodu, 1 žlicu kukuruznog škroba i pet začina u prahu. Staviti na stranu.

b) Zagrijte wok na srednje jakoj vatri dok kap vode ne zacvrči i ne ispari pri dodiru. Ulijte biljno ulje i vrteći premažite podlogu woka. Začinite ulje dodavanjem papra u zrnu, đumbira i češnjaka. Ostavite arome da cvrče u ulju oko 10 sekundi, lagano vrteći.

c) Ubacite govedinu u preostalu 1 žlicu kukuruznog škroba za premaz i dodajte u wok. Pržite govedinu uz rub woka 1 do 2 minute ili dok se ne razvije zlatnosmeđa zapečena korica. Okrenite i pecite s druge strane još jednu minutu. Miješajte i okrećite još oko 2 minute, dok govedina više ne bude ružičasta.

d) Premjestite govedinu na stranice woka i dodajte celer i mrkvu u sredinu. Pržite, miješajući i okrećući dok povrće ne omekša, još 2 do 3 minute. Promiješajte smjesu hoisin umaka i ulijte u wok. Nastavite pržiti, prelivajući govedinu i povrće umakom 1 do 2 minute, dok se umak ne počne zgušnjavati i postane sjajan. Uklonite đumbir i češnjak i bacite ih.

e) Prebacite na pladanj i ukrasite mladim lukom. Poslužite vruće.

19. Hoisin šalice od zelene salate od govedine

SASTOJCI:

- ¾ funte mljevene govedine
- 2 žličice kukuruznog škroba
- Košer soli
- Svježe mljeveni crni papar
- 3 žlice biljnog ulja, podijeljeno
- 1 žlica oguljenog sitno mljevenog đumbira
- 2 češnja češnjaka, sitno nasjeckana
- 1 mrkva, oguljena i narezana na julien
- 1 (4 unce) limenka vodenog kestena narezanog na kockice, ocijeđenog i ispranog
- 2 žlice hoisin umaka
- 3 mladog luka, odvojeni bijeli i zeleni dio, tanko narezana
- 8 širokih listova salate icebergs (ili Bibb), obrezanih u uredne okrugle šalice

UPUTE:

a) U zdjeli pospite govedinu kukuruznim škrobom i prstohvatom soli i papra. Dobro izmiješajte da se sjedini.

b) Zagrijte wok na srednje jakoj vatri dok kapljica vode ne zacvrči i ne ispari pri dodiru. Ulijte 2 žlice ulja i vrteći premažite podlogu woka. Dodajte govedinu i zapržite je s obje strane, zatim promiješajte i okrenite, razbijajući govedinu na mrvice i grudice 3 do 4 minute, dok govedina više ne bude ružičasta. Prebacite govedinu u čistu zdjelu i ostavite sa strane.

c) Očistite wok i vratite ga na srednju vatru. Dodajte preostalu 1 žlicu ulja i na brzinu popržite đumbir i češnjak s prstohvatom soli. Čim češnjak zamiriše, ubacite mrkvu i vodene kestene 2 do 3 minute, dok mrkva ne omekša. Smanjite vatru na srednju, vratite govedinu u wok i pomiješajte s umakom od hoisina i bjelanjcima mladog luka. Bacite da se sjedini, otprilike još 45 sekundi.

d) Rasporedite listove zelene salate, 2 po tanjuru, i ravnomjerno rasporedite goveđu smjesu po listovima zelene salate. Ukrasite zelenim lukom i jedite kao meki taco.

20. Prženi svinjski kotleti s lukom

SASTOJCI:
- 4 otkoštena svinjska kotleta
- 1 žlica Shaoxing vina
- ½ žličice svježe mljevenog crnog papra
- Košer soli
- 3 šalice biljnog ulja
- 2 žlice kukuruznog škroba
- 3 oguljene kriške svježeg đumbira, svaka veličine četvrtine
- 1 srednji žuti luk, tanko narezan
- 2 češnja češnjaka, sitno nasjeckana
- 2 žlice svijetlog soja umaka
- 1 žličica tamnog soja umaka
- ½ žličice crvenog vinskog octa
- Šećer

UPUTE:
a) Luckajte svinjske kotlete batićem za meso dok ne budu debljine ½ inča. Stavite u zdjelu i začinite rižinim vinom, paprom i malim prstohvatom soli. Marinirati 10 minuta.
b) Ulijte ulje u wok; ulje bi trebalo biti duboko oko 1 do 1½ inča. Zagrijte ulje na 375°F na srednje jakoj vatri. Možete vidjeti da je ulje na odgovarajućoj temperaturi kada umočite vrh drvene žlice u ulje. Ako ulje mjehuri i cvrči oko njega, ulje je spremno.
c) Radeći u 2 serije, premažite kotlete kukuruznim škrobom. Lagano ih spuštajte jednu po jednu u ulje i pržite 5 do 6 minuta, dok ne porumene. Prebacite na tanjur obložen papirnatim ručnikom.
d) Iz woka izlijte sve osim 1 žlice ulja i stavite ga na srednje jaku vatru. Začinite ulje dodavanjem đumbira i prstohvatom soli. Ostavite đumbir da cvrči u ulju oko 30 sekundi, lagano vrteći.
e) Pržite luk uz miješanje oko 4 minute, dok ne postane proziran i omekša. Dodajte češnjak i miješajući pržite još 30 sekundi, ili dok ne zamiriše. Prebacite na tanjur sa svinjskim kotletima.
f) U wok ulijte svijetlu soju, tamnu soju, crveni vinski ocat i prstohvat šećera te promiješajte da se sjedini.
g) Pustite da prokuha i vratite luk i svinjske kotlete u wok. Promiješajte da se sjedini dok se umak počinje lagano zgušnjavati.
h) Izvadite đumbir i bacite ga. Prebacite na pladanj i odmah poslužite.

21.Svinjetina s pet začina s Bok Choyem

SASTOJCI:
- 1 žlica svijetlog soja umaka
- 1 žlica Shaoxing rižinog vina
- 1 čajna žličica kineskog praha od pet začina
- 1 žličica kukuruznog škroba
- ½ žličice svijetlo smeđeg šećera
- ¾ funte mljevene svinjetine
- 2 žlice biljnog ulja
- 2 češnja češnjaka, oguljena i malo izgnječena
- Košer soli
- 2 do 3 glavice bok choya, poprečno narezane na komade veličine zalogaja
- 1 mrkva, oguljena i narezana na julien
- Kuhana riža, za posluživanje

UPUTE:
a) U zdjeli za miješanje pomiješajte svijetlu soju, rižino vino, pet začina u prahu, kukuruzni škrob i smeđi šećer. Dodajte svinjetinu i lagano promiješajte da se sjedini. Ostavite sa strane da se marinira 10 minuta.

b) Zagrijte wok na srednje jakoj vatri dok kap vode ne zacvrči i ne ispari pri dodiru. Ulijte ulje i vrteći premažite podlogu woka. Začinite ulje dodajući češnjak i prstohvat soli. Ostavite češnjak da krčka u ulju oko 10 sekundi, lagano vrteći.

c) Dodajte svinjetinu u wok i ostavite da se prži uz stijenke woka 1 do 2 minute, ili dok se ne stvori zlatna korica. Okrenite i pecite s druge strane još minutu. Promiješajte i okrenite da pržite svinjetinu još 1 do 2 minute, lomeći je na mrvice i grudice dok više ne bude ružičasta.

d) Dodajte bok choy i mrkvu te promiješajte i okrenite da se sjedine sa svinjetinom. Nastavite pržiti uz miješanje 2 do 3 minute, dok mrkva i bok choy ne omekšaju. Prebacite na pladanj i poslužite vruće uz kuhanu rižu.

22. Hoisin svinjetina Podrška

SASTOJCI:
- 2 žličice Shaoxing rižinog vina
- 2 žličice svijetlog soja umaka
- ½ žličice čili paste
- ¾ funte svinjskog lungića bez kostiju, tanko narezanog na julienne trake
- 2 žlice biljnog ulja
- 4 oguljene svježe kriške đumbira, svaka veličine četvrtine
- Košer soli
- Snježni grašak od 4 unce, narezan na dijagonale
- 2 žlice hoisin umaka
- 1 žlica vode

UPUTE:
a) U zdjeli pomiješajte rižino vino, svijetlu soju i pastu od čilija. Dodajte svinjetinu i ubacite je u kaput. Ostavite sa strane da se marinira 10 minuta.
b) Zagrijte wok na srednje jakoj vatri dok kap vode ne zacvrči i ne ispari pri dodiru. Ulijte ulje i vrteći premažite podlogu woka. Začinite ulje dodavanjem đumbira i prstohvatom soli. Ostavite đumbir da cvrči u ulju oko 30 sekundi, lagano vrteći.
c) Dodajte svinjetinu i marinadu i uz miješanje pržite 2 do 3 minute dok više ne bude ružičasta. Dodajte snježni grašak i miješajući pržite oko 1 minutu dok ne omekša i postane proziran. Umiješajte umak hoisin i vodu da umak olabavi. Nastavite miješati i okretati 30 sekundi ili dok se umak ne zagrije i svinjetina i snježni grašak ne budu obloženi.
d) Prebacite na pladanj i poslužite vruće.

23. Dvaput kuhana svinjska potrbušina

SASTOJCI:
- 1 funta svinjske potrbušine bez kostiju
- ⅓ šalice umaka od crnog graha ili kupovnog umaka od crnog graha
- 1 žlica Shaoxing rižinog vina
- 1 žličica tamnog soja umaka
- ½ žličice šećera
- 2 žlice biljnog ulja, podijeljeno
- 4 oguljene svježe kriške đumbira, svaka veličine četvrtine
- Košer soli
- 1 poriluk prepolovite po dužini i dijagonalno narežite na ploške od ½ inča
- ½ crvene paprike, narezane na ploške

UPUTE:

a) U veliki lonac stavite svinjetinu i prelijte je vodom. Zakuhajte tavu i zatim smanjite na laganoj vatri. Pirjajte nepoklopljeno 30 minuta ili dok svinjetina ne omekša i bude kuhana. Rupičastom žlicom prebacite svinjetinu u zdjelu (izbacite tekućinu od kuhanja) i ostavite da se ohladi. Stavite u hladnjak na nekoliko sati ili preko noći. Nakon što se svinjetina ohladi, tanko narežite na ploške debljine ¼ inča i ostavite sa strane. Pustite da se svinjetina potpuno ohladi prije rezanja, što će olakšati rezanje na tanke kriške.

b) U staklenoj posudi za mjerenje pomiješajte umak od crnog graha, rižino vino, tamnu soju i šećer te ostavite sa strane.

c) Zagrijte wok na srednje jakoj vatri dok kap vode ne zacvrči i ne ispari pri dodiru. Ulijte 1 žlicu ulja i vrteći premažite podlogu woka. Začinite ulje dodavanjem đumbira i prstohvatom soli. Ostavite đumbir da cvrči u ulju oko 30 sekundi, lagano vrteći.

d) Radeći u serijama, prebacite polovicu svinjetine u wok. Ostavite komade da se prže u woku 2 do 3 minute. Okrenite da se peče s druge strane još 1 do 2 minute, dok se svinjetina ne počne uvijati. Prebacite u čistu zdjelu. Ponovite s preostalom svinjetinom.

e) Dodajte preostalu 1 žlicu ulja. Dodajte poriluk i crvenu papriku te uz miješanje pržite 1 minutu, dok poriluk ne omekša. Umiješajte umak i miješajući pržite dok ne zamiriše.

f) Vratite svinjetinu u tavu i nastavite miješajući pržiti još 2 do 3 minute, dok se sve ne skuha.

g) Odbacite kriške đumbira i prebacite ih na tanjur za posluživanje.

24. Mu Shu svinjetina s palačinkama na tavi

SASTOJCI:
ZA PALAČINKE
- 1¾ šalice višenamjenskog brašna
- ¾ šalice kipuće vode
- Košer soli
- 3 žlice sezamovog ulja

ZA SVINJINJU MU SHU
- 2 žlice svijetlog soja umaka
- 1 žličica kukuruznog škroba
- 1 žličica Shaoxing rižinog vina
- Mljeveni bijeli papar
- ¾ funte svinjskog lungića bez kostiju, narezanog na trakice širine ¼ inča
- 3 žlice biljnog ulja
- 2 žličice oguljenog sitno nasjeckanog svježeg đumbira
- Košer soli
- 1 velika mrkva, oguljena i tanko nasjeckana na 3 inča
- 6 do 8 svježih šampinjona, tanko narezanih na julienne trakice
- ½ manje glavice zelenog kupusa, nasjeckanog
- 2 mladog luka, izrezana na komade od ½ inča
- 1 (4 unce) limenka narezanih izdanaka bambusa, ocijeđenih i narezanih na tanke trakice
- ¼ šalice umaka od šljiva, za posluživanje

UPUTE:
NAPRAVITI PALAČINKE
a) U velikoj zdjeli za miješanje drvenom kuhačom pomiješajte brašno, kipuću vodu i prstohvat soli. Sve sjediniti dok ne postane glatko tijesto. Prebacite tijesto na pobrašnjenu dasku za rezanje i mijesite ga ručno oko 4 minute, ili dok ne bude glatko.
b) Tijesto će biti vruće, stoga nosite rukavice za jednokratnu upotrebu kako biste zaštitili ruke. Vratite tijesto u zdjelu i prekrijte plastičnom folijom. Pustite da odstoji 30 minuta.
c) Oblikujte tijesto u cjepanicu dugu 12 inča tako da je razvaljate rukama.

d) Izrežite cjepanicu na 12 jednakih dijelova, zadržavajući okrugli oblik kako biste stvorili medaljone. Dlanovima spljoštite medaljone, a vrhove premažite sezamovim uljem. Stisnite nauljene strane zajedno kako biste dobili 6 hrpi udvostručenih dijelova tijesta.
e) Svaku hrpicu razvaljajte u jedan tanki okrugli list promjera 7 do 8 inča. Najbolje je da palačinku stalno okrećete dok rolate, kako biste postigli ravnomjernu tankost s obje strane.
f) Zagrijte tavu od lijevanog željeza na srednje jakoj vatri i pecite palačinke jednu po jednu oko 1 minutu s prve strane, dok ne postane lagano prozirna i počnu se stvarati mjehurići. Okrenite da se ispeče druga strana, još 30 sekundi.
g) Prebacite palačinku na tanjur obložen kuhinjskom krpom i pažljivo odvojite dvije palačinke. Držite ih pokrivene ispod ručnika da ostanu topli dok nastavite s preostalim palačinkama. Ostavite sa strane do posluživanja.

NAPRAVITI SVINJINJU MU SHU

h) U zdjeli za miješanje pomiješajte svijetlu soju, kukuruzni škrob, rižino vino i prstohvat bijelog papra. Dodajte narezanu svinjetinu i promiješajte da se obloži i marinirajte 10 minuta.
i) Zagrijte wok na srednje jakoj vatri dok kap vode ne zacvrči i ne ispari pri dodiru. Ulijte biljno ulje i vrteći premažite podlogu woka. Začinite ulje dodavanjem đumbira i prstohvatom soli. Ostavite đumbir da cvrči u ulju oko 10 sekundi, lagano vrteći.
j) Dodajte svinjetinu i miješajući pržite 1 do 2 minute dok više ne bude ružičasta. Dodajte mrkvu i gljive i nastavite miješajući pržiti još 2 minute, ili dok mrkva ne omekša.
k) Dodajte kupus, mladi luk i mladice bambusa i pržite uz miješanje još jednu minutu ili dok se ne zagrije.
l) Prebacite u zdjelu i poslužite tako da žlicom stavite svinjski nadjev u sredinu palačinke i prelijete umakom od šljiva.

25. Svinjska rebarca s umakom od crnog graha

SASTOJCI:

- Svinjska rebra od 1 funte, poprečno izrezana na trake širine 1½ inča
- ¼ žličice mljevenog bijelog papra
- 2 žlice umaka od crnog graha ili kupovnog umaka od crnog graha
- 1 žlica Shaoxing rižinog vina
- 1 žlica biljnog ulja
- 2 žličice kukuruznog škroba
- Komad svježeg đumbira od ½ inča, oguljen i sitno samljeven
- 2 češnja češnjaka, sitno nasjeckana
- 1 žličica sezamovog ulja
- 2 mladog luka, tanko narezana

UPUTE:

a) Narežite između rebara kako biste ih razdvojili na rebarca veličine zalogaja. U plitkoj zdjeli otpornoj na toplinu pomiješajte rebra i bijeli papar. Dodajte umak od crnog graha, rižino vino, biljno ulje, kukuruzni škrob, đumbir i češnjak i promiješajte da se sjedine, pazeći da su sva rebarca premazana. Marinirati 10 minuta.

b) Isperite bambusovu košaru za kuhanje na pari i njen poklopac pod hladnom vodom i stavite je u wok. Ulijte 2 inča vode ili dok ne dođe iznad donjeg ruba posude za paru za oko ¼ do ½ inča, ali ne toliko da dodirne dno košare. Zdjelu s rebricama stavite u košaru kuhala na pari i poklopite.

c) Pojačajte vatru da voda zavrije, a zatim smanjite vatru na srednje jaku. Kuhajte na pari na srednje jakoj vatri 20 do 22 minute ili dok rebarci više ne budu ružičasti. Možda ćete trebati nadopuniti vodu, pa nastavite provjeravati da se u woku ne presuši.

d) Pažljivo izvadite posudu iz košare kuhala na pari. Pokapajte rebra sezamovim uljem i ukrasite mladim lukom. Poslužite odmah.

26. Pržena mongolska janjetina

SASTOJCI:
- 2 žlice Shaoxing rižinog vina
- 1 žlica tamnog soja umaka
- 3 češnja češnjaka, mljevena
- 2 žličice kukuruznog škroba
- 1 žličica sezamovog ulja
- Janjeći but bez kostiju od 1 funte, izrezan na kriške debljine ¼ inča
- 3 žlice biljnog ulja, podijeljeno
- 4 oguljene svježe kriške đumbira, svaka veličine četvrtine
- 2 cijele sušene crvene čili papričice (po želji)
- Košer soli
- 4 mladog luka, izrezana na komade duge 3 inča, zatim tanko narezana po dužini

UPUTE:
a) U velikoj zdjeli pomiješajte rižino vino, tamnu soju, češnjak, kukuruzni škrob i sezamovo ulje. Dodajte janjetinu u marinadu i pomiješajte. Marinirati 10 minuta.
b) Zagrijte wok na srednje jakoj vatri dok kap vode ne zacvrči i ne ispari pri dodiru. Ulijte 2 žlice biljnog ulja i vrteći premažite podlogu woka. Začinite ulje dodavanjem đumbira, čilija (ako koristite) i prstohvat soli. Ostavite arome da cvrče u ulju oko 30 sekundi, lagano vrteći.
c) Uz pomoć hvataljki izvadite polovicu janjetine iz marinade, lagano tresući kako bi višak ocijedio. Sačuvajte marinadu. Pržite u woku 2 do 3 minute. Okrenite da se prže s druge strane još 1 do 2 minute. Brzo miješajući pržite i okrećite u woku još 1 minutu. Prebacite u čistu zdjelu. Dodajte preostalu 1 žlicu biljnog ulja i ponovite s preostalom janjetinom.
d) Vratite svu janjetinu i sačuvanu marinadu u wok i ubacite mladi luk. Uz miješanje pržite još 1 minutu ili dok se janjetina ne skuha i marinada ne pretvori u sjajni umak.
e) Prebacite na pladanj za posluživanje, bacite đumbir i poslužite vruće.

27. Janjetina s đumbirom i porilukom

SASTOJCI:
- ¾ funte janjećeg buta bez kostiju, izrezanog na 3 komada, zatim tanko narezanog poprečno
- Košer soli
- 2 žlice Shaoxing rižinog vina
- 1 žlica tamnog soja umaka
- 1 žlica svijetlog soja umaka
- 1 žličica umaka od kamenica
- 1 žličica meda
- 1 do 2 žličice sezamovog ulja
- ½ žličice mljevenog sečuanskog papra u zrnu
- 2 žličice kukuruznog škroba
- 2 žlice biljnog ulja
- 1 žlica oguljenog i sitno nasjeckanog svježeg đumbira
- 2 poriluka obrezana i tanko narezana
- 4 češnja češnjaka, sitno nasjeckana

UPUTE:
a) U zdjeli za miješanje lagano začinite janjetinu s 1 do 2 prstohvata soli. Promiješajte i ostavite sa strane 10 minuta. U maloj posudi pomiješajte rižino vino, tamnu soju, svijetlu soju, umak od kamenica, med, sezamovo ulje, sečuanski papar i kukuruzni škrob. Staviti na stranu.
b) Zagrijte wok na srednje jakoj vatri dok kap vode ne zacvrči i ne ispari pri dodiru. Ulijte biljno ulje i vrteći premažite podlogu woka. Začinite ulje dodavanjem đumbira i prstohvatom soli. Ostavite đumbir da cvrči u ulju oko 10 sekundi, lagano vrteći.
c) Dodajte janjetinu i pržite 1 do 2 minute, a zatim počnite pržiti uz miješanje, bacajući i okrećući još 2 minute ili dok više ne bude ružičasta. Prebacite u čistu zdjelu i ostavite sa strane.
d) Dodajte poriluk i češnjak i pržite uz miješanje 1 do 2 minute, ili dok poriluk ne postane svijetlo zelen i mekan. Premjestite u zdjelu za janjetinu.
e) Ulijte smjesu umaka i pirjajte 3 do 4 minute dok se umak ne reducira na pola i postane sjajan. Janjetinu i povrće vratite u wok i promiješajte da se sjedine s umakom.
f) Prebacite na pladanj i poslužite vruće.

28. Tajlandska govedina s bosiljkom

SASTOJCI:
- 2 žlice ulja
- 12 oz. govedina, narezana na tanke ploške i pomiješana s 1 žličicom ulja i 2 žličice kukuruznog škroba
- 5 češnja češnjaka nasjeckanog
- ½ crvene paprike narezane na tanke ploške
- 1 manja glavica luka, tanko narezana
- 2 žličice soja umaka
- 1 žličica tamnog soja umaka
- 1 žličica umaka od kamenica
- 1 žlica ribljeg umaka
- ½ žličice šećera
- 1 šalica listova tajlandskog bosiljka, pakirano
- Cilantro, za ukrašavanje

UPUTE:
a) Zagrijte wok na jakoj vatri i dodajte ulje. Pržite govedinu dok ne porumeni. Izvadite iz woka i ostavite sa strane.
b) Dodajte češnjak i crvenu papriku u wok i miješajući pržite oko 20 sekundi.
c) Dodajte luk i pržite dok ne porumeni i lagano se karamelizira.
d) Vratite govedinu zajedno sa sojinim umakom, tamnim sojinim umakom, umakom od kamenica, ribljim umakom i šećerom.
e) Pržite uz miješanje još nekoliko sekundi, a zatim ubacite tajlandski bosiljak dok ne uvene.
f) Poslužite s rižom od jasmina i ukrasite cilantrom.

29. Kineska BBQ svinjetina

SASTOJCI:
- 3 funte (1,4 kg) svinjske lopatice/svinjskog buta (odaberite dio s malo dobre masnoće)
- ¼ šalice (50 g) šećera
- 2 žličice soli
- ½ žličice pet začina u prahu
- ¼ žličice bijelog papra
- ½ žličice sezamovog ulja
- 1 žlica Shaoxing vina ili
- Kinesko vino od šljiva
- 1 žlica soja umaka
- 1 žlica hoisin umaka
- 2 žličice melase
- 3 češnja sitno nasjeckanog češnjaka
- 2 žlice maltoze ili meda
- 1 žlica vruće vode

UPUTE:
a) Svinjetinu narežite na duge trake ili komade debljine oko 3 inča. Nemojte odrezati višak masnoće jer će se otopiti i dodati okus.
b) Pomiješajte šećer, sol, pet začina u prahu, bijeli papar, sezamovo ulje, vino, sojin umak, hoisin umak, melasu, prehrambenu boju (ako koristite) i češnjak u zdjeli da napravite marinadu.
c) Sačuvajte oko 2 žlice marinade i ostavite sa strane. Natrljajte svinjetinu ostatkom marinade u velikoj zdjeli ili posudi za pečenje. Pokrijte i ostavite u hladnjaku preko noći, ili najmanje 8 sati. Pokrijte i čuvajte i marinadu koju ste sačuvali u hladnjaku.
d) Zagrijte pećnicu na najvišu postavku (475-550 stupnjeva F ili 250-290 stupnjeva C) s rešetkom postavljenom u gornju trećinu pećnice. Obložite lim folijom i na njega stavite metalnu rešetku. Stavite svinjetinu na rešetku, ostavljajući što više prostora između komada. Ulijte 1 ½ šalice vode u posudu ispod rešetke. Time se sprječava gorenje ili dimljenje kapanja.
e) Prebacite svinjetinu u prethodno zagrijanu pećnicu i pecite 25 minuta. Nakon 25 minuta okrenite svinjetinu. Ako je dno posude suho, dodajte još jednu šalicu vode. Okrenite tavu za 180 stupnjeva kako biste bili ravnomjerno pečeni. Pecite još 15 minuta.
f) U međuvremenu pomiješajte ostavljenu marinadu s maltozom ili medom i 1 žlicom vruće vode. Ovo će biti umak kojim ćete premazati svinjetinu.
g) Nakon 40 minuta od ukupnog vremena pečenja, namažite svinjetinu, okrenite je i premažite i drugu stranu. Pecite zadnjih 10 minuta.
h) Nakon 50 minuta od ukupnog vremena pečenja, svinjetina bi trebala biti pečena i karamelizirana na vrhu. Ako nije karameliziran po vašem ukusu, možete uključiti brojler na nekoliko minuta da izvana postane hrskav i doda malo boje/okusa.
i) Izvadite iz pećnice i prelijte posljednjim komadićem ostavljenog BBQ umaka. Pustite meso da odstoji 10 minuta prije rezanja i uživajte!

30.Svinjska peciva pečena na pari

SASTOJCI:
ZA PARJENO TIJESTO ZA KUHNICE:
- 1 žličica aktivnog suhog kvasca
- ¾ šalice tople vode
- 2 šalice višenamjenskog brašna
- 1 šalica kukuruznog škroba
- 5 žlica šećera
- ¼ šalice uljane repice ili biljnog ulja
- 2½ žličice praška za pecivo

ZA NADJEV:
- 1 žlica ulja
- ⅓ šalice sitno nasjeckane ljutike ili crvenog luka
- 1 žlica šećera
- 1 žlica svijetlog soja umaka
- 1½ žlice umaka od kamenica
- 2 žličice sezamovog ulja
- 2 žličice tamnog soja umaka
- ½ šalice pilećeg temeljca
- 2 žlice višenamjenskog brašna
- 1½ šalice kineske pečene svinjetine narezane na kockice

UPUTE:
a) U zdjeli električne miješalice opremljene kukom za tijesto (možete koristiti i običnu zdjelu za miješanje i mijesiti ručno), otopite 1 žličicu aktivnog suhog kvasca u 3/4 šalice tople vode. Prosijte brašno i kukuruzni škrob i dodajte u smjesu sa kvascem zajedno sa šećerom i uljem.
b) Uključite mikser na najslabi stupanj i pustite ga da radi dok se ne formira glatka kugla tijesta. Pokrijte vlažnom krpom i ostavite da odstoji 2 sata. (prašak za pecivo ćete dodati kasnije!)
c) Dok tijesto odmara napravite nadjev od mesa. Zagrijte 1 žlicu ulja u woku na srednje jakoj vatri. Dodajte ljutiku/luk i miješajući pržite 1 minutu. Smanjite temperaturu na srednje nisku i dodajte šećer, svijetli sojin umak, umak od kamenica, sezamovo ulje i tamni sojin umak. Promiješajte i kuhajte dok smjesa ne počne mjehuriti. Dodajte pileći temeljac i brašno, kuhajte 3 minute dok se ne zgusne. Maknite s vatre i umiješajte svinjsko pečenje. Ostaviti sa strane da se ohladi. Ako nadjev radite prije vremena, pokrijte i stavite u hladnjak da se ne osuši.
d) Nakon što je tijesto odstajalo 2 sata, u tijesto dodajte prašak za pecivo i uključite mikser na najslabi stupanj. U ovom trenutku, ako tijesto izgleda suho ili imate problema s praškom za pecivo, dodajte 1-2 žličice vode. Lagano mijesite tijesto dok ponovno ne postane glatko. Pokriti vlažnom krpom i ostaviti još 15 minuta da odstoji. U međuvremenu, uzmite veliki komad papira za pečenje i izrežite ga na deset kvadrata 4x4 inča. Pripremite kuhalo za kuhanje na pari tako da voda zavrije.
e) Sada smo spremni za sastavljanje kiflica: tijesto razvaljajte u dugačku cijev i podijelite na 10 jednakih dijelova. Utisnite svaki komad tijesta u disk promjera oko 4½ inča (trebao bi biti deblji u sredini i tanji oko rubova). Dodajte malo nadjeva i naborajte kiflice dok se ne zatvore na vrhu.
f) Svaku lepinju stavite na četvrtast papir za pečenje i kuhajte na pari. Peciva sam kuhala na pari u dvije odvojene serije koristeći bambus kuhan na pari.
g) Nakon što voda zavrije, stavite pecivo u kuhalo na pari i kuhajte svaku porciju na pari 12 minuta na jakoj vatri.

31. Kantonska pečena svinjska potrbušina

SASTOJCI:
- 3 lb. komad svinjske potrbušine, s kožom
- 2 žličice Shaoxing vina
- 2 žličice soli
- 1 žličica šećera
- ½ žličice pet začina u prahu
- ¼ žličice bijelog papra
- 1½ žličice rižinog vinskog octa
- ½ šalice krupne morske soli

UPUTE:
a) Svinjski trbuh operite i osušite. Stavite ga s kožom prema dolje na pladanj i utrljajte shaoxing vino u meso (ne u kožu). Pomiješajte sol, šećer,
b) pet začina u prahu i bijeli papar. Ovu mješavinu začina dobro utrljajte i u meso. Preokrenite meso tako da je s kožom okrenuto prema gore.
c) Dakle, za sljedeći korak zapravo postoji poseban alat koji koriste restorani, ali mi smo samo koristili oštar metalni ražanj. Sustavno bušite rupe po cijeloj koži, što će pomoći koži da postane hrskava, umjesto da ostane glatka i kožasta. Što više rupa ima, to bolje. Također provjerite jesu li dovoljno duboko. Zaustavite se točno iznad sloja masnoće ispod.
d) Pustite da se potrbušina suši u hladnjaku nepokrivena 12-24 sata.
e) Prethodno zagrijte pećnicu na 375 stupnjeva F. Stavite veliki komad aluminijske folije (najbolja je čvrsta folija) na pladanj za pečenje i dobro presavijte stranice oko svinjetine, tako da stvorite neku vrstu kutije oko nje, s rubom visokim 1 inč koji ide oko strana.
f) Nanesite rižin vinski ocat na svinjsku kožu. Nanesite morsku sol u jednom ravnomjernom sloju preko kože, tako da svinjetina bude potpuno pokrivena. Stavite u pećnicu i pecite 1 sat i 30 minuta. Ako vaša svinjska potrbušina još ima pričvršćena rebra, pecite 1 sat i 45 minuta.
g) Izvadite svinjetinu iz pećnice, uključite brojler na nisku temperaturu i postavite rešetku pećnice u najniži položaj. Uklonite gornji sloj morske soli sa svinjske potrbušine, odvijte foliju i stavite rešetku za pečenje na tavu.
h) Stavite svinjsku potrbušinu na rešetku i vratite je ispod brojlera da postane hrskava. To bi trebalo trajati 10-15 minuta. U idealnom slučaju brojleri bi trebali biti na "slabo" tako da se ovaj proces može odvijati postupno. Ako vaš brojler postane prilično vruć, pažljivo ga promatrajte i držite svinjetinu što dalje od izvora topline.
i) Kad se kožica napuhnula i postala hrskava, izvadite iz pećnice. Pustite da odstoji 15-tak minuta. Narežite i poslužite!

BIJELO MESO

32. Kremna pileća juha s češnjakom

SASTOJCI:
- 4 žlice maslaca
- 8 unci krem sira, na kockice
- 2 limenke (14,5 unci svaka) pileće juhe
- Posolite i popaprite po ukusu
- 4 šalice kuhane, narezane piletine
- 4 žlice začina za gusto od češnjaka ili 1 žličica češnjaka u prahu
- ½ šalice gustog vrhnja

UPUTE:
a) Stavite lonac za juhu na srednju vatru i u njemu otopite malo maslaca.
b) Nakon što se maslac otopi, umiješajte piletinu i kuhajte je nekoliko minuta.
c) Umiješajte krem sir i začine. Dobro promiješajte.
d) Ulijte juhu i vrhnje i promiješajte.
e) Kad zavrije, smanjite vatru i kuhajte oko 5 do 6 minuta. Ulijte u zdjelice za juhu i poslužite.

33. Pileća krilca

SASTOJCI:
- 2 kilograma pilećih krilaca
- ¼ šalice svježe ribanog parmezana
- ¼ žličice papra
- ½ žličice soli
- ½ žlice mljevenog svježeg peršina ½ žličice sušenog peršina
- 2-3 žlice maslaca od trave

UPUTE:
a) Pripremite lim za pečenje obložite ga papirom za pečenje. Zagrijte pećnicu na 350° F.
b) Dodajte maslac u plitku zdjelu prikladnu za mikrovalnu. Kuhajte na visokoj temperaturi 15 - 20 sekundi ili dok se maslac jednostavno ne otopi.
c) Stavite sol, papar, peršin i parmezan u zdjelu i dobro promiješajte.
d) Umačite pileća krilca u maslac, jedno po jedno. Udubite krilca u smjesu od parmezana i stavite na lim za pečenje.
e) Pecite krilca oko 40 - 60 minuta ili dok ne budu gotova. Ohladite 5 minuta i poslužite.

34. Jednostavna pržena pileća prsa

SASTOJCI:
- 8 polovica pilećih prsa
- ½ žličice papra ili po ukusu
- 4 žličice ribanog parmezana (po želji)
- ½ žličice košer soli ili po ukusu
- ½ žlice maslinovog ulja

UPUTE:
a) Za pripremu piletine: Stavite plastičnu foliju na radnu površinu i dodajte piletinu. Pokrijte drugim listom plastične folije i tucite čekićem za meso dok se piletina ne spljošti.
b) Piletinu posolite i popaprite. Ostavite da odstoji 15-20 minuta.
c) Stavite tavu od lijevanog željeza na jaku vatru—stavite piletinu u tavu. Pustite da se neometano kuha 2-3 minute bez poklopca dok ne porumeni i otpusti masnoću. Okrenite strane i pecite još 2-3 minute. Maknite tavu s vatre.
d) Po vrhu pospite parmezanom ako koristite. Stavite pećnicu da se peče i zagrijte je.
e) Stavite tavu u pećnicu i pecite dok se sir ne rastopi. Poslužite vruće.

35. Hrskavi pileći bataci

SASTOJCI:
- 6 pilećih bataka, s kožom
- 1 žlica soli
- 2 žlice ulja avokada ili maslinovog ulja
- Svježe mljeveni papar po ukusu
- Košer sol po ukusu
- Češnjak u prahu po ukusu
- Paprika po ukusu

UPUTE:
a) Pripremite lim za pečenje obložite ga papirom za pečenje. Provjerite je li vaša pećnica prethodno zagrijana na 450° F.
b) Pileće batake začinite solju, paprom i željenim začinima. Stavite ga na lim za pečenje, u jednom sloju, bez preklapanja.
c) Prelijte uljem piletinu.
d) Pecite piletinu oko 40 minuta ili dok kožica ne postane hrskava.

36. Mesojedi pileći grumenčići

SASTOJCI:
PILETINA
- 1 ½ funte mljevene piletine
- ¼ žličice ružičaste soli ili više po ukusu
- 1 malo jaje
- ¼ žličice sušenog origana
- 1 žličica paprike
- ¼ žličice papra
- ¼ žličice češnjaka u prahu
- ¼ žličice pahuljica crvene paprike

POHANJE
- ½ šalice ribanog parmezana
- ½ šalice mljevene svinjske kožice

UPUTE:
a) Pripremite lim za pečenje tako da ga obložite listom papira za pečenje.
b) Provjerite je li vaša pećnica prethodno zagrijana na 400°F.
c) U zdjelu dodajte sir i svinjske kožice i dobro promiješajte.
d) U zdjelu razmutite jaje pa u njega umiješajte piletinu, sol i sve začine.
e) Smjesu podijelite na 30 jednakih dijelova i oblikujte grumenčići.
f) Premažite grumenčićie u smjesu s korom i stavite na lim za pečenje.
g) Pecite grumenčići u pećnici oko 20 do 25 minuta ili dok ne postanu hrskavi i zlatno smeđi.

37.Zadimljen mesne okruglice od slanine

SASTOJCI:
- 1 pileća prsa ili ½ funte mljevene piletine
- 1 malo jaje
- ½ žlice luka u prahu
- 2 žlice maslinovog ulja ili ulja avokada
- 4 kriške slanine, kuhane, izmrvljene
- 1 režanj češnjaka, oguljen
- 1 kap tekućeg dima
- Posolite po ukusu

UPUTE:
a) Dodajte piletinu, jaje, luk u prahu, slaninu i češnjak u zdjelu multipraktika i dobro obradite.
b) Smjesu podijelite na male dijelove i od nje napravite mesne okruglice. Stavite ih na tanjur.
c) Stavite tavu na srednju vatru. Dodajte ulje i pustite da se zagrije. Dodajte nekoliko mesnih okruglica i kuhajte dok ne porumene, povremeno okrećući mesne okruglice.
d) Izvadite i stavite na papirnati ubrus.
e) Preostale mesne okruglice kuhajte u serijama. Po vrhu pospite solju i poslužite vruće.

38. Pirjajte pileću slaninu

SASTOJCI:
- 2 pileća prsa, narezana na kockice
- 2 žlice češnjaka u prahu
- Posolite po ukusu
- 2 kriške slanine, narezane na kockice
- 1 žlica talijanskog začina
- ½ žlice ulja avokada

UPUTE:
a) Stavite veliku tavu na srednju vatru. Dodajte slaninu i piletinu i dobro prokuhajte.
b) Dodajte češnjak u prahu, sol i talijanske začine i poslužite.

39. Mesne okruglice od feferona

SASTOJCI:
- 2 kilograma mljevene piletine
- 1 žličica soli ili po ukusu
- 2 jaja, istučena
- 1 žličica papra ili po ukusu
- ½ funte feferona, mljevenih
- Ljuti umak po ukusu (po želji)

UPUTE:
a) Pomiješajte piletinu, sol, jaja, papar i feferoni u zdjeli.
b) Pripremite lim za pečenje obložite ga papirom za pečenje i zagrijte pećnicu na 350° F.
c) Od smjese oblikujte 16 loptica i stavite ih u lim za pečenje.
d) Pecite mesne okruglice oko 20-30 minuta ili dok ne porumene i budu kuhane. Kuglice dok se peku dvaput protresti da se dobro ispeku. Ili čak možete kuhati kuglice u tavi.

40. Pileći batak s koricom od parmezana

SASTOJCI:

- 4 pileća batka
- ½ šalice svježe ribanog parmezana
- ¼ žličice suhe majčine dušice
- ¼ žličice soli ili po ukusu
- ½ žličice češnjaka u prahu
- 2 žlice maslaca, otopljenog
- ½ žlice nasjeckanog peršina
- ½ žličice paprike
- ¼ žličice papra

UPUTE:

a) Pripremite posudu za pečenje tako da je namažete maslacem — zagrijte pećnicu na 400°F.
b) U plitku zdjelu ulijte otopljeni maslac.
c) U zdjelu stavite sol, začine, začinsko bilje i parmezan. Dobro promiješajte.
d) Prvo umočite pileći batak u posudu s maslacem. Izvadite ga iz pilećih bataka i pustite da kapne višak maslaca. Zatim ga udubite u smjesu parmezana i stavite u posudu za pečenje.
e) Ponovite prethodni korak i premažite preostale pileće batake.
f) Pecite oko 35 - 50 minuta, ovisno o veličini butova. Poslužite vruće.

41. Piletina s češnjakom i maslacem

SASTOJCI:
- 4 srednja pileća prsa, vodoravno prerezana na 2 polovice
- 2 žličice talijanskog začina
- Mljevene čili papričice po ukusu
- 8 češnja češnjaka, oguljenih, nasjeckanih
- 2 žlice maslinovog ulja
- Posolite po ukusu
- 4 žlice maslaca
- Papar po ukusu
- ¼ šalice nasjeckanog lišća cilantra ili peršina

UPUTE:
a) Pomiješajte talijanske začine, mljevenu crvenu papriku, sol i papar u zdjeli.
b) Ovom smjesom pospite komade piletine.
c) Stavite veliku tavu na srednje jaku vatru. Dodati ulje i pričekati par minuta da se ulje zagrije.
d) Stavite komade piletine u tavu i pecite 3-4 minute, donja strana treba biti zlatno smeđa. Okrenite komade piletine i kuhajte ih 3-4 minute.
e) Izvadite piletinu iz posude i stavite na tanjur.
f) Smanjite vatru na srednje nisku. Dodajte maslac, češnjak, peršin i još mljevene crvene paprike i dobro promiješajte.
g) Dodajte piletinu nakon 20-30 sekundi. Žlicom prelijte umak od maslaca preko piletine i kuhajte nekoliko minuta dok češnjak ne postane svijetlo zlatnosmeđi. Poslužite vruće.

42. Pileći zalogaji umotani u slaninu od češnjaka

SASTOJCI:
- ½ velikih pilećih prsa, narezanih na komade veličine zalogaja
- 1 ½ žlica češnjaka u prahu
- 4 – 5 šnita slanine, narezanih na trećine

UPUTE:
a) Pripremite lim za pečenje obložite ga folijom.
b) Provjerite je li vaša pećnica prethodno zagrijana na 400°F.
c) Na tanjur rasporedite češnjak u prahu.
d) Udubite komade piletine u češnjak u prahu, jedan po jedan, i zamotajte ga u komad slanine.
e) Stavite ga na lim za pečenje. Ostavite razmak između zalogaja.
f) Stavite lim za pečenje u pećnicu i pecite dok slanina ne postane hrskava, oko 25 - 30 minuta. Okrenite zalogaje na pola pečenja.

43. Pileći ražnjići(Ćevapi)

SASTOJCI:
- ½ žlice mljevenog češnjaka
- ¼ žličice svježe mljevenog papra
- ½ žlice ekstra djevičanskog maslinovog ulja
- ¾ funte pileća prsa bez kostiju i kože, izrezana na komade od 1 inča
- Sok od ½ limete
- ¼ žličice fine himalajske soli
- 1 žličica mljevenog svježeg origana ili ½ žličice sušenog origana

UPUTE:
a) Za pripremu marinade: Dodajte češnjak, origano, sol, papar, sok limete i ulje u zdjelu i dobro promiješajte.
b) Uzmite staklenu posudu s poklopcem i u nju stavite piletinu. Piletinu prelijte marinadom i dobro promiješajte.
c) Pokrijte zdjelu poklopcem i ostavite u hladnjaku 2 - 8 sati.
d) Sada izvadite zdjelu iz hladnjaka i nataknite piletinu na ražnjiće. Ne ostavljajte veliki razmak između komada piletine. Držite se blizu.
e) Postavite svoj roštilj i prethodno ga zagrijte na srednju temperaturu, oko 330° F. Postavite ga za izravno kuhanje.
f) Po želji namastite rešetke roštilja. Ražnjiće stavite na rešetku i pecite dok dobro ne budu pečeni.
g) Poslužite odmah.

44. Vafli mesojeda

SASTOJCI:
- 4 unce mljevene piletine ili mljevene puretine
- 5 jaja
- 2 žlice suhog parmezana
- 4 unce mljevene govedine

UPUTE:
a) Stavite govedinu i piletinu u lonac i dodajte otprilike 1 - 1-½ šalice vode.
b) Stavite lonac na srednje jaku vatru i zakuhajte. Malo smanjite vatru i kuhajte 5-7 minuta. Prebacite meso u cjedilo. Pustite da se ohladi 10 minuta.
c) Malo ohlađeno meso prebacite u zdjelu multipraktika. Također dodajte jaja i parmezan. Procesirajte dok ne postane glatko.
d) Zagrijte kalup za vafle. Namastite i rasporedite ¼ smjese po pegli. Kuhajte vafle kao što biste kuhali 5-7 minuta ili dok ne budu kuhani.
e) Izvadite vafle i stavite na tanjur. Ohladite nekoliko minuta i poslužite. Ponovite korake i napravite ostale vafle.

45. Pomfrit za mesojede

SASTOJCI:
- 8 unci kuhane peradi
- 2 jaja
- 0,7 unce svinjske kore
- ½ žličice soli

UPUTE:
a) Pripremite posudu za pečenje tako da je obložite papirom za pečenje. Koristite veliku posudu za pečenje ili 2 manje.
b) U zdjelu multipraktika dodajte meso, jaja, sol i svinjske kožice. Procesirajte dok se dobro ne sjedini i postane vrlo malo zrnasto.
c) Žlicom stavljajte smjesu u plastičnu vrećicu. Odrežite ugao škarama.
d) Smjesu istisnite i izlijte na pripremljenu posudu za pečenje, veličine koju želite. Ostavite dovoljno razmaka između krumpirića. Sada svaki krumpirić malo spljoštite ili do željene debljine. Pomfrit pecite oko 20 minuta.
e) Postavite pećnicu na način pečenja. Pecite nekoliko minuta ili popržite na vrhu.
f) Podijelite na 2 tanjura i poslužite.

46. Pileći bataci na žaru s marinadom od češnjaka

SASTOJCI:
- 4 pileća batka
- 5 – 6 češnjeva češnjaka, oguljenih
- ½ žlice morske soli
- ¾ šalice maslinovog ulja
- Sok od ½ limuna
- ¼ žličice papra

UPUTE:
a) U blenderu pomiješajte ulje, limunov sok, češnjak i začine.
b) Ovom mješavinom premažite piletinu i dobro utrljajte.
c) Dodajte piletinu i dobro promiješajte. Stavite u hladnjak na 2 - 8 sati.
d) Pecite piletinu na prethodno zagrijanom roštilju 6 - 8 minuta sa svake strane.

47.Kung Pao piletina

SASTOJCI:
- 3 žličice svijetlog soja umaka
- 2½ žličice kukuruznog škroba
- 2 žličice kineskog crnog octa
- 1 žličica Shaoxing rižinog vina
- 1 žličica sezamovog ulja
- ¾ funte pilećih bataka bez kostiju i kože, izrezanih na 1 inč
- 2 žlice biljnog ulja
- 6 do 8 cijelih suhih crvenih čilija
- 3 mladog luka, odvojeni bijeli i zeleni dio, tanko narezana
- 2 režnja češnjaka, mljevena
- 1 žličica oguljenog mljevenog svježeg đumbira
- ¼ šalice neslanog suhog prženog kikirikija

UPUTE:
a) U srednjoj zdjeli pomiješajte svijetlu soju, kukuruzni škrob, crni ocat, rižino vino i sezamovo ulje dok se kukuruzni škrob ne otopi. Dodajte piletinu i lagano promiješajte da se prekrije. Marinirajte 10 do 15 minuta ili dovoljno vremena da pripremite ostale sastojke.
b) Zagrijte wok na srednje jakoj vatri dok kap vode ne zacvrči i ne ispari pri dodiru. Ulijte biljno ulje i vrteći premažite podlogu woka.
c) Dodajte čili i miješajući pržite oko 10 sekundi, ili dok ne počnu crniti, a ulje lagano zamiriše.
d) Dodajte piletinu, sačuvajte marinadu, i miješajući pržite 3 do 4 minute dok više ne bude ružičasta.
e) Ubacite bjelanjke mladog luka, češnjak i đumbir i pržite uz miješanje oko 30 sekundi. Ulijte marinadu i promiješajte da premažete piletinu. Ubacite kikiriki i kuhajte još 2 do 3 minute, dok umak ne postane sjajan.
f) Prebacite na tanjur za posluživanje, ukrasite zelenim lukom i poslužite vruće.

48. Brokula Piletina

SASTOJCI:
- 1 žlica Shaoxing rižinog vina
- 2 žličice svijetlog soja umaka
- 1 žličica mljevenog češnjaka
- 1 žličica kukuruznog škroba
- ¼ žličice šećera
- ¾ funte pilećih bataka bez kostiju i kože, izrezanih na komade od 2 inča
- 2 žlice biljnog ulja
- 4 oguljene kriške svježeg đumbira, otprilike veličine četvrtine
- Košer soli
- Brokula od 1 funte, narezana na cvjetiće veličine zalogaja
- 2 žlice vode
- Pahuljice crvene paprike (po želji)
- ¼ šalice umaka od crnog graha ili kupovnog umaka od crnog graha

UPUTE:
a) U maloj posudi pomiješajte rižino vino, svijetlu soju, češnjak, kukuruzni škrob i šećer. Dodajte piletinu i marinirajte 10 minuta.
b) Zagrijte wok na srednje jakoj vatri dok kap vode ne zacvrči i ne ispari pri dodiru. Ulijte biljno ulje i vrteći premažite podlogu woka. Dodajte đumbir i prstohvat soli. Ostavite đumbir da cvrči oko 30 sekundi, lagano vrteći.
c) Prebacite piletinu u wok, bacite marinadu. Pržite piletinu uz miješanje 4 do 5 minuta dok više ne bude ružičasta. Dodajte brokulu, vodu i prstohvat pahuljica crvene paprike (ako koristite) i miješajući pržite 1 minutu. Pokrijte wok i kuhajte brokulu na pari 6 do 8 minuta dok ne postane hrskava.
d) Umiješajte umak od crnog graha dok se ne prekrije i zagrije, oko 2 minute, ili dok se umak malo ne zgusne i postane sjajan.
e) Odbacite đumbir, prebacite ga na pladanj i poslužite vruće.

49. Piletina s koricom mandarine

SASTOJCI:
- 3 veća bjelanjka
- 2 žlice kukuruznog škroba
- 1½ žlice svijetlog soja umaka, podijeljeno
- ¼ žličice mljevenog bijelog papra
- ¾ funte pilećih bataka bez kostiju i kože, izrezanih na komade veličine zalogaja
- 3 šalice biljnog ulja
- 4 oguljene svježe kriške đumbira, svaka veličine četvrtine
- 1 žličica sečuanskog papra u zrnu, malo napuknutog
- Košer soli
- ½ žutog luka, tanko narezanog na ¼ inča široke trake
- Kora 1 mandarine, narezana na trakice debljine ⅛ inča
- Sok od 2 mandarine (oko ½ šalice)
- 2 žličice sezamovog ulja
- ½ žličice rižinog octa
- Svijetlo smeđi šećer
- 2 mladog luka, tanko narezana, za ukras
- 1 žlica sjemenki sezama, za ukras

UPUTE:

a) U zdjeli za miješanje vilicom ili pjenjačom tucite bjelanjke dok se ne zapjene i dok se čvršće grudice ne zapjene. Umiješajte kukuruzni škrob, 2 žličice svijetle soje i bijeli papar dok se dobro ne izmiješa. Preklopite piletinu i marinirajte 10 minuta.

b) Ulijte ulje u wok; ulje bi trebalo biti duboko oko 1 do 1½ inča. Zagrijte ulje na 375°F na srednje jakoj vatri. Možete vidjeti da je ulje na odgovarajućoj temperaturi kada umočite vrh drvene žlice u ulje. Ako ulje mjehuri i cvrči oko njega, ulje je spremno.

c) Pomoću šupljikave žlice ili lopatice za wok izvadite piletinu iz marinade i otresite višak. Pažljivo spustiti u vruće ulje. Pržite piletinu u serijama 3 do 4 minute, ili dok piletina ne postane zlatno smeđa i hrskava na površini. Prebacite na tanjur obložen papirnatim ručnikom.

d) Iz woka izlijte sve osim 1 žlice ulja i stavite ga na srednje jaku vatru. Zavrtite ulje da premažete podlogu woka. Začinite ulje dodajući đumbir, papar u zrnu i prstohvat soli. Ostavite đumbir i zrna papra da cvrče u ulju oko 30 sekundi, lagano vrteći.

e) Dodajte luk i pržite, miješajući i okrećući lopaticom za wok 2 do 3 minute, ili dok luk ne postane mekan i proziran. Dodajte koru mandarine i miješajući pržite još minutu, ili dok ne zamiriše.

f) Dodajte sok od mandarine, sezamovo ulje, ocat i prstohvat smeđeg šećera. Zakuhajte umak i kuhajte oko 6 minuta dok se umak ne smanji na pola. Trebalo bi biti sirupasto i vrlo ljuto. Probajte i po potrebi dodajte prstohvat soli.

g) Ugasite vatru i dodajte prženu piletinu, promiješajte da se prelije umakom. Prebacite piletinu na pladanj, bacite đumbir i ukrasite narezanim mladim mladim lukom i sjemenkama sezama. Poslužite vruće.

50. Piletina od indijskih oraha

SASTOJCI:
- 1 žlica svijetlog soja umaka
- 2 žličice Shaoxing rižinog vina
- 2 žličice kukuruznog škroba
- 1 žličica sezamovog ulja
- ½ žličice mljevenog sečuanskog papra
- ¾ funte pilećih bataka bez kostiju i kože, izrezanih na kockice od 1 inča
- 2 žlice biljnog ulja
- Komad od ½ inča oguljenog sitno mljevenog svježeg đumbira
- Košer soli
- ½ crvene paprike, narezane na komade od ½ inča
- 1 mala tikvica, izrezana na komade od ½ inča
- 2 režnja češnjaka, mljevena
- ½ šalice neslanih suhih pečenih indijskih oraščića
- 2 mladog luka, odvojeni bijeli i zeleni dio, tanko narezana

UPUTE:

a) U srednjoj zdjeli pomiješajte svijetlu soju, rižino vino, kukuruzni škrob, sezamovo ulje i sečuanski papar. Dodajte piletinu i lagano promiješajte da se prekrije. Pustite da se marinira 15 minuta ili dovoljno vremena da pripremite ostale sastojke.

b) Zagrijte wok na srednje jakoj vatri dok kap vode ne zacvrči i ne ispari pri dodiru. Ulijte biljno ulje i vrteći premažite podlogu woka. Začinite ulje dodavanjem đumbira i prstohvatom soli. Ostavite đumbir da cvrči u ulju oko 30 sekundi, lagano vrteći.

c) Uz pomoć hvataljki izvadite piletinu iz marinade i prebacite je u wok, a marinadu sačuvajte. Pržite piletinu uz miješanje 4 do 5 minuta dok više ne bude ružičasta. Dodajte crvenu papriku, tikvice i češnjak i pržite uz miješanje 2 do 3 minute, ili dok povrće ne omekša.

d) Ulijte marinadu i promiješajte da prekrijete ostale sastojke. Zakuhajte marinadu i nastavite miješajući pržiti 1 do 2 minute, dok umak ne postane gust i sjajan. Umiješajte indijske oraščiće i kuhajte još minutu.

e) Prebacite na tanjur za posluživanje, ukrasite mladim lukom i poslužite vruće.

51. Piletina i povrće s umakom od crnog graha

SASTOJCI:
- 1 žlica svijetlog soja umaka
- 1 žličica sezamovog ulja
- 1 žličica kukuruznog škroba
- ¾ funte pilećih bataka bez kostiju i kože, izrezanih na komade veličine zalogaja
- 3 žlice biljnog ulja, podijeljeno
- 1 oguljena kriška svježeg đumbira, otprilike veličine četvrtine
- Košer soli
- 1 manja glavica žutog luka, narezana na komade veličine zalogaja
- ½ crvene paprike, narezane na komade veličine zalogaja
- ½ žute ili zelene paprike, narezane na komade veličine zalogaja
- 3 češnja češnjaka nasjeckana
- ⅓ šalice umaka od crnog graha ili kupovnog umaka od crnog graha

UPUTE:
a) U velikoj zdjeli pomiješajte svijetlo sojino, sezamovo ulje i kukuruzni škrob dok se kukuruzni škrob ne otopi. Dodajte piletinu i umiješajte je u marinadu. Ostavite piletinu sa strane da se marinira 10 minuta.

b) Zagrijte wok na srednje jakoj vatri dok kap vode ne zacvrči i ne ispari pri dodiru. Ulijte 2 žlice biljnog ulja i vrteći premažite podlogu woka. Začinite ulje dodavanjem đumbira i prstohvatom soli. Ostavite đumbir da cvrči u ulju oko 30 sekundi, lagano vrteći.

c) Prebacite piletinu u wok i bacite marinadu. Ostavite komade da se prže u woku 2 do 3 minute. Okrenite da se prže s druge strane još 1 do 2 minute. Brzo miješajući pržite i okrećite u woku još 1 minutu. Prebacite u čistu zdjelu.

d) Dodajte preostalu 1 žlicu ulja i ubacite luk i papriku. Brzo miješajući pržite 2 do 3 minute, bacajući i okrećući povrće lopaticom za wok dok luk ne postane proziran, ali još uvijek čvrste teksture. Dodajte češnjak i pržite uz miješanje još 30 sekundi.

e) Vratite piletinu u wok i dodajte umak od crnog graha. Bacajte i okrećite dok se piletina i povrće ne prekriju.

f) Prebacite na pladanj, bacite đumbir i poslužite vruće.

52. Piletina od zelenog graha

SASTOJCI:

- ¾ funte pilećih bataka bez kostiju i kože, narezanih poprečno na trakice veličine zalogaja
- 3 žlice Shaoxing rižinog vina, podijeljene
- 2 žličice kukuruznog škroba
- Košer soli
- Pahuljice crvene paprike
- 3 žlice biljnog ulja, podijeljeno
- 4 oguljene svježe kriške đumbira, svaka veličine četvrtine
- ¾ funte zelenog graha, obrezanog i prepolovljenog poprečno dijagonalno
- 2 žlice svijetlog soja umaka
- 1 žlica začinjenog rižinog octa
- ¼ šalice narezanih badema, tostiranih
- 2 žličice sezamovog ulja

UPUTE:

a) U zdjeli za miješanje pomiješajte piletinu s 1 žlicom rižinog vina, kukuruznim škrobom, malim prstohvatom soli i prstohvatom crvene paprike. Promiješajte da se piletina ravnomjerno obloži. Marinirati 10 minuta.

b) Zagrijte wok na srednje jakoj vatri dok kap vode ne zacvrči i ne ispari pri dodiru. Ulijte 2 žlice biljnog ulja i vrteći premažite podlogu woka. Začinite ulje dodavanjem đumbira i malo soli. Ostavite đumbir da cvrči u ulju oko 30 sekundi, lagano vrteći.

c) Dodajte piletinu i marinadu u wok i miješajući pržite 3 do 4 minute, ili dok se piletina malo ne zaprži i ne postane ružičasta. Prebacite u čistu zdjelu i ostavite sa strane.

d) Dodajte preostalu 1 žlicu biljnog ulja i miješajući pržite zelene mahune 2 do 3 minute, ili dok ne postanu svijetlo zelene. Vratite piletinu u wok i promiješajte. Dodajte preostale 2 žlice rižinog vina, svijetle soje i octa. Promiješajte da se sjedini i premaže te ostavite da se mahune kuhaju još 3 minute ili dok zelene mahune ne omekšaju. Izvadite đumbir i bacite ga.

e) Ubacite bademe i prebacite na tanjur. Pokapajte sezamovim uljem i poslužite vruće.

53. Piletina u umaku od sezama

SASTOJCI:
- 3 veća bjelanjka
- 3 žlice kukuruznog škroba, podijeljene
- 1½ žlice svijetlog soja umaka, podijeljeno
- 1 funta pilećih bataka bez kostiju i kože, izrezanih na komade veličine zalogaja
- 3 šalice biljnog ulja
- 3 oguljene kriške svježeg đumbira, svaka veličine četvrtine
- Košer soli
- Pahuljice crvene paprike
- 3 češnja češnjaka grubo nasjeckana
- ¼ šalice pileće juhe s niskim sadržajem natrija
- 2 žlice sezamovog ulja
- 2 mladog luka, tanko narezana, za ukras
- 1 žlica sjemenki sezama, za ukras

UPUTE:

a) U zdjeli za miješanje vilicom ili pjenjačom tucite bjelanjke dok ne postanu pjenasti, a čvršće grudice bjelanjaka zapjenjene. Pomiješajte 2 žlice kukuruznog škroba i 2 žličice svijetle soje dok se dobro ne sjedine. Preklopite piletinu i marinirajte 10 minuta.

b) Ulijte ulje u wok; ulje bi trebalo biti duboko oko 1 do 1½ inča. Zagrijte ulje na 375°F na srednje jakoj vatri. Možete vidjeti da je ulje na odgovarajućoj temperaturi kada umočite vrh drvene žlice u ulje. Ako ulje mjehuri i cvrči oko njega, ulje je spremno.

c) Pomoću šupljikave žlice ili lopatice za wok izvadite piletinu iz marinade i otresite višak. Pažljivo spustiti u vruće ulje. Pržite piletinu u serijama 3 do 4 minute, ili dok piletina ne postane zlatno smeđa i hrskava na površini. Prebacite na tanjur obložen papirnatim ručnikom.

d) Iz woka izlijte sve osim 1 žlice ulja i stavite ga na srednje jaku vatru. Zavrtite ulje da premažete podlogu woka. Začinite ulje dodavanjem đumbira i prstohvatom soli te listićima crvene paprike. Ostavite pahuljice đumbira i papra da cvrče u ulju oko 30 sekundi, lagano vrteći.

e) Dodajte češnjak i pržite, miješajući i okrećući lopaticom za wok 30 sekundi. Umiješajte pileću juhu, preostale 2½ žličice svijetle soje i preostalu 1 žlicu kukuruznog škroba. Pirjajte 4 do 5 minuta, dok se umak ne zgusne i postane sjajan. Dodajte sezamovo ulje i promiješajte da se sjedini.

f) Ugasite vatru i dodajte prženu piletinu, promiješajte da se prelije umakom. Izvadite đumbir i bacite ga. Prebacite na pladanj i ukrasite narezanim mladim mladim lukom i sjemenkama sezama.

54. Slatko-kisela piletina

SASTOJCI:

- 2 žličice kukuruznog škroba
- 2 žlice vode
- 3 žlice biljnog ulja, podijeljeno
- 4 oguljene svježe kriške đumbira, svaka veličine četvrtine
- Košer soli
- ¾ funte pilećih bataka bez kostiju i kože, narezanih na komade veličine zalogaja
- ½ crvene paprike, narezane na komade od ½ inča
- ½ zelene paprike, narezane na komade od ½ inča
- ½ žutog luka, narezanog na komade od ½ inča
- 1 (8 unca) konzerva komadića ananasa, ocijeđena, sokovi sačuvani
- 1 (4 unce) limenka narezanog vodenog kestena, ocijeđenog
- ¼ šalice pileće juhe s niskim sadržajem natrija
- 2 žlice svijetlo smeđeg šećera
- 2 žlice jabučnog octa
- 2 žlice kečapa
- 1 žličica Worcestershire umaka
- 3 mladog luka, tanko narezana, za ukras

UPUTE:
a) U maloj posudi pomiješajte kukuruzni škrob i vodu i ostavite sa strane.
b) Zagrijte wok na srednje jakoj vatri dok kap vode ne zacvrči i ne ispari pri dodiru. Ulijte 2 žlice ulja i vrteći premažite podlogu woka. Začinite ulje dodavanjem đumbira i prstohvatom soli. Ostavite đumbir da cvrči u ulju oko 30 sekundi, lagano vrteći.
c) Dodajte piletinu i pržite na woku 2 do 3 minute. Okrenite i bacite piletinu, miješajući pržite još oko 1 minutu ili dok više ne postane ružičasta. Prebacite u zdjelu i ostavite sa strane.
d) Dodajte preostalu 1 žlicu ulja i miješajte da se premaže. Pržite crvenu i zelenu papriku i luk uz miješanje 3 do 4 minute dok ne omekšaju i postanu prozirni. Dodajte ananas i vodene kestene i nastavite pržiti uz miješanje još minutu. Dodajte povrće piletini i ostavite sa strane.
e) Ulijte sačuvani sok od ananasa, pileću juhu, smeđi šećer, ocat, kečap i Worcestershire umak u wok i pustite da zavrije. Držite vatru na srednje jakoj temperaturi i kuhajte oko 4 minute, dok se tekućina ne smanji za pola.
f) Vratite piletinu i povrće u wok i promiješajte da se sjedine s umakom. Mješavinu kukuruznog škroba i vode brzo promiješajte i dodajte u wok. Sve miješajte i okrećite dok kukuruzni škrob ne počne zgušnjavati umak, postajući sjajan.
g) Odbacite đumbir, prebacite ga na pladanj, ukrasite mladim lukom i poslužite vruće.

55. Moo Goo Gai Pan

SASTOJCI:

- 1 žlica svijetlog soja umaka
- 1 žlica Shaoxing rižinog vina
- 2 žličice sezamovog ulja
- ¾ funte pilećih prsa bez kostiju i kože, narezanih na tanke trakice
- ½ šalice pileće juhe s niskim sadržajem natrija
- 2 žlice umaka od kamenica
- 1 žličica šećera
- 1 žlica kukuruznog škroba
- 3 žlice biljnog ulja, podijeljeno
- 4 oguljene svježe kriške đumbira, svaka veličine četvrtine
- Košer soli
- 4 unce svježih šampinjona, tanko narezanih
- 1 (4 unce) limenka narezanih izdanaka bambusa, ocijeđenih
- 1 (4 unce) limenka narezanog vodenog kestena, ocijeđenog
- 1 češanj češnjaka, sitno nasjeckan

UPUTE:

a) U velikoj zdjeli pomiješajte svijetlu soju, rižino vino i sezamovo ulje dok ne postane glatko. Dodajte piletinu i pomiješajte. Marinirati 15 minuta.

b) U maloj zdjeli pomiješajte pileću juhu, umak od kamenica, šećer i kukuruzni škrob dok ne postane glatko i ostavite sa strane.

c) Zagrijte wok na srednje jakoj vatri dok kap vode ne zacvrči i ne ispari pri dodiru. Ulijte 2 žlice biljnog ulja i vrteći premažite podlogu woka. Začinite ulje dodavanjem đumbira i malo soli. Ostavite đumbir da cvrči u ulju oko 30 sekundi, lagano vrteći.

d) Dodajte piletinu i bacite marinadu. Pržite uz miješanje 2 do 3 minute, dok piletina više ne bude ružičasta. Prebacite u čistu zdjelu i ostavite sa strane.

e) Dodajte preostalu 1 žlicu biljnog ulja. Pržite gljive 3 do 4 minute uz miješanje, brzo ih okrećite. Čim se gljive osuše, prestanite s prženjem i pustite ih da odstoje na vrućem woku oko minutu. Ponovno bacite i zatim ponovno odmorite još jednu minutu.

f) Dodajte izdanke bambusa, vodene kestene i češnjak. Pržite uz miješanje 1 minutu ili dok češnjak ne zamiriše. Vratite piletinu u wok i promiješajte da se sjedini.

g) Promiješajte umak i dodajte u wok. Pomiješajte i kuhajte dok umak ne počne kuhati, oko 45 sekundi. Nastavite bacati i prevrtati dok se umak ne zgusne i postane sjajan. Izvadite đumbir i bacite ga. Prebacite na pladanj i poslužite dok je vruće.

56. Jaje Foo Yong

SASTOJCI:
- 5 velikih jaja, na sobnoj temperaturi
- Košer soli
- Mljeveni bijeli papar
- ½ šalice tanko narezanih klobuka shiitake gljiva
- ½ šalice smrznutog graška, odmrznutog
- 2 mladog luka, nasjeckanog
- 2 žličice sezamovog ulja
- ½ šalice pileće juhe s niskim sadržajem natrija
- 1½ žlice umaka od kamenica
- 1 žlica Shaoxing rižinog vina
- ½ žličice šećera
- 2 žlice svijetlog soja umaka
- 1 žlica kukuruznog škroba
- 3 žlice biljnog ulja
- Kuhana riža, za posluživanje

UPUTE:

a) U velikoj zdjeli umutite jaja s prstohvatom soli i bijelog papra. Umiješajte gljive, grašak, mladi luk i sezamovo ulje. Staviti na stranu.

b) Napravite umak kuhanjem pileće juhe, umaka od kamenica, rižinog vina i šećera u malom loncu na srednjoj vatri. U maloj staklenoj posudi za mjerenje, miješajte svijetlu soju i kukuruzni škrob dok se kukuruzni škrob potpuno ne otopi. Ulijte smjesu kukuruznog škroba u umak uz stalno miješanje i kuhajte 3 do 4 minute, dok umak ne postane dovoljno gust da može premazati stražnju stranu žlice. Pokrijte i ostavite sa strane.

c) Zagrijte wok na srednje jakoj vatri dok kap vode ne zacvrči i ne ispari pri dodiru. Ulijte biljno ulje i vrteći premažite podlogu woka. Dodajte smjesu jaja i kuhajte, vrteći i tresući wok dok donja strana ne postane zlatna. Izvucite omlet iz tave na tanjur i okrenite ga preko woka ili preokrenite lopaticom da se ispeče s druge strane dok ne porumeni. Omlet izvucite na pladanj za posluživanje i poslužite preko kuhane riže sa žlicom umaka.

57. Rajčica Jaje Podrška

SASTOJCI:
- 4 velika jaja, sobne temperature
- 1 žličica Shaoxing rižinog vina
- ½ žličice sezamovog ulja
- ½ žličice košer soli
- Svježe mljeveni crni papar
- 3 žlice biljnog ulja, podijeljeno
- 2 oguljene kriške svježeg đumbira, svaka veličine četvrtine
- 1 kilogram grožđa ili cherry rajčice
- 1 žličica šećera
- Kuhana riža ili rezanci, za posluživanje

UPUTE:
a) U većoj zdjeli umutite jaja. Dodajte rižino vino, sezamovo ulje, sol i prstohvat papra i nastavite miješati dok se ne sjedini.
b) Zagrijte wok na srednje jakoj vatri dok kap vode ne zacvrči i ne ispari pri dodiru. Ulijte 2 žlice biljnog ulja i vrteći premažite podlogu woka. Zavrtite smjesu jaja u vrući wok. Zavrtite i protresite jaja da se kuhaju. Prebacite jaja na tanjur za posluživanje kada su tek kuhana, ali ne i suha. Šator s folijom za grijanje.
c) Dodajte preostalu 1 žlicu biljnog ulja u wok. Začinite ulje dodavanjem đumbira i prstohvatom soli. Ostavite đumbir da cvrči u ulju oko 30 sekundi, lagano vrteći.
d) Ubacite rajčice i šećer, miješajući da se prekrije uljem. Poklopite i kuhajte oko 5 minuta uz povremeno miješanje dok rajčice ne omekšaju i ne puste sok. Odbacite kriške đumbira i začinite rajčice solju i paprom.
e) Žlicom rasporedite rajčice preko jaja i poslužite preko kuhane riže ili rezanaca.

58. Škampi i kajgana

SASTOJCI:
- 2 žlice košer soli, plus još za začin
- 2 žlice šećera
- 2 šalice hladne vode
- 6 unci srednjih škampa (U41–50), oguljenih i očišćenih
- 4 velika jaja, sobne temperature
- ½ žličice sezamovog ulja
- Svježe mljeveni crni papar
- 2 žlice biljnog ulja, podijeljeno
- 2 oguljene kriške svježeg đumbira, svaka veličine četvrtine
- 2 režnja češnjaka, tanko narezana
- 1 vezica vlasca, narezana na komade od ½ inča

UPUTE:
a) U velikoj zdjeli umutite sol i šećer u vodi dok se ne otope. Dodajte škampe u rasol. Pokrijte i stavite u hladnjak na 10 minuta.
b) Ocijedite škampe u cjedilu i isperite. Odbacite salamuru. Raširite škampe na lim za pečenje obložen papirnatim ručnikom i osušite.
c) U drugoj velikoj posudi umutite jaja sa sezamovim uljem i prstohvatom soli i papra dok se ne sjedine. Staviti na stranu.
d) Zagrijte wok na srednje jakoj vatri dok kap vode ne zacvrči i ne ispari pri dodiru. Ulijte 1 žlicu biljnog ulja i vrteći premažite podlogu woka. Začinite ulje dodavanjem đumbira i prstohvatom soli. Ostavite đumbir da cvrči u ulju oko 30 sekundi, lagano vrteći.
e) Dodajte češnjak i kratko popržite da začini ulje, oko 10 sekundi. Ne dopustite da češnjak porumeni ili zagori. Dodajte škampe i pržite uz miješanje oko 2 minute, dok ne porumene. Prebacite na tanjur i bacite đumbir.
f) Vratite wok na vatru i dodajte preostalu 1 žlicu biljnog ulja. Kad je ulje vruće, umiješajte smjesu jaja u wok. Zavrtite i protresite jaja da se kuhaju. Dodajte vlasac u tavu i nastavite kuhati dok jaja ne budu kuhana, ali ne i suha.
g) Vratite škampe u tavu i promiješajte da se sjedine. Premjestite na tanjur za posluživanje.

59. Pikantna krema od jaja kuhana na pari

SASTOJCI:
- 4 velika jaja, sobne temperature
- 1¾ šalice pileće juhe s niskim sadržajem natrija ili filtrirane vode
- 2 žličice Shaoxing rižinog vina
- ½ žličice košer soli
- 2 mlado luka, samo zeleni dio, narezan na tanke ploške
- 4 žličice sezamovog ulja

UPUTE:

a) U većoj zdjeli umutite jaja. Dodajte juhu i rižino vino i promiješajte da se sjedini. Procijedite smjesu jaja kroz fino sito postavljeno iznad posude za mjerenje tekućine kako biste uklonili mjehuriće zraka. Ulijte smjesu jaja u 4 (6 unce) ramekina. Nožem za guljenje izbacite sve mjehuriće na površini smjese od jaja. Ramekine pokrijte aluminijskom folijom.

b) Isperite bambusovu košaru za kuhanje na pari i njen poklopac pod hladnom vodom i stavite je u wok. Ulijte 2 inča vode ili dok ne dođe iznad donjeg ruba posude za paru za ¼ do ½ inča, ali ne toliko da dodirne dno košare. Ramekins stavite u košaru za kuhanje na pari. Pokrijte poklopcem.

c) Zakuhajte vodu, a zatim smanjite vatru na tiho. Kuhajte na pari na laganoj vatri oko 10 minuta ili dok se jaja tek ne stvrdnu.

d) Pažljivo izvadite ramekine iz posude za kuhanje na pari i ukrasite svaku kremu s malo mladog luka i nekoliko kapi sezamovog ulja. Poslužite odmah.

60. Kineska pečena pileća krilca za van

SASTOJCI:
- 10 cijelih pilećih krilaca, opranih i osušenih
- 1/8 žličice crnog papra
- 1/4 žličice bijelog papra
- ¼ žličice češnjaka u prahu
- 1 žličica soli
- ½ žličice šećera
- 1 žlica soja umaka
- 1 žlica Shaoxing vina
- 1 žličica sezamovog ulja
- 1 jaje
- 1 žlica kukuruznog škroba
- 2 žlice brašna
- ulje, za prženje

UPUTE:
a) Pomiješajte sve sastojke (osim ulja za prženje, naravno) u velikoj zdjeli za miješanje. Sve miksajte dok se krilca dobro ne prožmu.
b) Ostavite krilca da se mariniraju 2 sata na sobnoj temperaturi ili u hladnjaku preko noći za najbolje rezultate. (Ako hladite krilca, svakako ih ostavite na sobnoj temperaturi prije kuhanja).
c) Nakon mariniranja, ako vam se čini da u krilcima ima tekućine, svakako ih još jednom dobro izmiješajte. Krilca treba dobro premazati tankim premazom poput tijesta. Ako i dalje izgleda previše vodenasto, dodajte još malo kukuruznog škroba i brašna.
d) Napunite srednji lonac uljem do otprilike 2/3 visine i zagrijte ga na 325 stupnjeva F.
e) Krilca pržite u malim obrocima 5 minuta i izvadite u lim obložen papirnatim ručnicima. Nakon što su sva krilca ispečena, vraćajte ih u serijama na ulje i ponovno pržite 3 minute.
f) Ocijedite na papirnatim ručnicima ili rešetki za hlađenje i poslužite s ljutim umakom!

61. Tajlandska piletina s bosiljkom

SASTOJCI:
- 3 do 4 žlice ulja
- 3 Thai bird ili nizozemska čilija, tanko narezana
- 3 ljutike, tanko narezane
- 5 češnja češnjaka, narezanog na ploške
- 1 funta mljevene piletine
- 2 žličice šećera ili meda
- 2 žlice soja umaka
- 1 žlica ribljeg umaka
- ⅓ šalice pileće juhe ili vode s niskim sadržajem natrija
- 1 vezica svetog bosiljka ili listova tajlandskog bosiljka

UPUTE:
a) U wok na jakoj vatri dodajte ulje, čili, ljutiku i češnjak te pržite 1-2 minute.
b) Dodajte mljevenu piletinu i miješajući pržite 2 minute, lomeći piletinu na male komadiće.
c) Dodajte šećer, sojin umak i riblji umak. Pržite uz miješanje još jednu minutu i skinite glazuru s juhe. Budući da je tava na jakoj vatri, tekućina bi se trebala vrlo brzo skuhati.
d) Dodajte bosiljak i pržite uz miješanje dok ne uvene.
e) Poslužite preko riže.

RIBA I PLODOVI MORA

62. Zalogaji lososa i krem sira

SASTOJCI:

- 3 srednja jaja
- ¼ žličice soli ili po ukusu
- ½ žličice sušenog kopra
- 0,88 unci svježeg ili dimljenog lososa, nasjeckanog
- ½ šalice vrhnja
- 0,88 unce ribanog parmezana
- 0,88 unci krem sira, narezan na kockice

UPUTE:
a) Podmažite 18 udubljenja kalupa za mini muffine s malo masti.
b) Provjerite je li vaša pećnica prethodno zagrijana na 360° F.
c) Dodajte jaja u zdjelu i dobro umutite. Dodajte sol i vrhnje i dobro umutite.
d) Dodajte parmezan, krem sir i kopar i promiješajte.
e) Podijelite smjesu od jaja u 18 udubljenja kalupa za mini muffine.
f) Stavite najmanje 1 - 2 komada lososa u svaku jažicu.
g) Stavite kalup za mini muffine u pećnicu i pecite oko 12 - 15 minuta ili dok se ne stegne.
h) Ohladite mini muffine na radnoj površini.
i) Izvadite ih iz kalupa i poslužite.

63. Pečeni riblji fileti

SASTOJCI:
- 2 žlice maslaca, otopljenog
- Prstohvat mljevene paprike
- 3 riblja fileta (5 unci)
- Papar po ukusu
- 1 žlica soka od limuna
- ½ žličice soli

UPUTE:
a) Provjerite je li vaša pećnica prethodno zagrijana na 350° F.
b) Pripremite pleh za pečenje tako da ga premažete sa malo masti.
c) Filete pospite solju i paprom i stavite u pleh.
d) Dodajte maslac, papriku i sok od limuna u zdjelu i promiješajte. Ovom smjesom premažite filete.
e) Posudu za pečenje stavite u pećnicu i pecite filete 15-25 minuta, dok se riba ne polomi kad se probode vilicom.

64. Kolači od lososa

SASTOJCI:
- 2 konzerve lososa (14,75 unci svaka), ocijeđene
- 8 žlica kolagena
- 2 šalice naribanog mozzarella sira
- 1 žličica luka u prahu
- 4 velika pašena jaja
- 4 žličice sušenog kopra
- 1 žličica ružičaste morske soli ili po ukusu
- 4 žlice masti od slanine

UPUTE:
a) Dodajte losos, kolagen, mozzarellu, luk u prahu, jaja, kopar i sol u zdjelu i dobro promiješajte.
b) Od smjese napravite 8 pljeskavica.
c) Stavite veliku tavu na srednje slabu vatru namazanu slaninom. Nakon što se mast dobro zagrije, kolačiće lososa stavite u tavu i pecite dok ne porumene sa svih strana.
d) Skinite tavu s vatre i ostavite pljeskavice 5 minuta u kuhanoj masnoći. Poslužiti.

65. Splitski jastog na žaru

SASTOJCI:
- 4 žlice maslinovog ulja ili otopljenog maslaca
- Košer sol po ukusu
- 4 živa jastoga (1 ½ funte svaki)
- Svježe mljeveni papar po ukusu
- Otopljeni maslac za posluživanje
- Ljuti umak
- Kriške limuna za posluživanje

UPUTE:
a) Žive jastoge stavite u zamrzivač na 15 minuta.
b) Stavite ih na dasku za rezanje s trbuhom prema dolje na dasku za rezanje. Drži rep. Jastoge prepolovite po dužini. Počnite od točke gdje se rep spaja s tijelom i idite do glave. Okrenite strane i uzdužno prerežite preko repa.
c) Na odrezani dio, odmah nakon rezanja, utrljajte otopljeni maslac. Preko toga pospite sol i papar.
d) Postavite roštilj i prethodno ga zagrijte na visoku temperaturu 5-10 minuta. Očistite rešetku roštilja i smanjite vatru na nisku.
e) Stavite jastoge na rešetku i pritisnite kandže na rešetku dok ne budu pečene—pecite na roštilju 6-8 minuta.
f) Okrenite strane i kuhajte dok se ne skuha i lagano zaprži.
g) Prebacite na tanjur. Po vrhu pokapajte otopljeni maslac i poslužite.

66. Juha od ribljih kostiju

SASTOJCI:
- 2 funte riblje glave ili trupa
- Posolite po ukusu
- 7 – 8 litara vode + dodatno za blanširanje
- 2 inča đumbira, narezanog na kriške
- 2 žlice soka od limuna

UPUTE:
a) Za blanširanje ribe: dodajte vodu i riblje glave u veliki lonac. Stavite lonac na jaku vatru.
b) Kad zavrije, ugasite vatru i bacite vodu.
c) Vratite ribu u lonac. Ulijte 7-8 litara vode.
d) Stavite lonac na jaku vatru. Dodajte đumbir, sol i limunov sok.
e) Kad smjesa zavrije, smanjite vatru i poklopite poklopcem. Kuhajte 4 sata.
f) Maknite s vatre. Kad se ohladi procijediti u veliku teglu sa mrežastom cjediljkom.
g) Stavite u hladnjak na 5-6 dana. Neiskorišteni bujon može se zamrznuti.

67.Škampi s maslacem od češnjaka

SASTOJCI:
- 1 šalica neslanog maslaca, podijeljena
- Košer sol po ukusu
- ½ šalice pilećeg temeljca
- Svježe mljeveni papar po ukusu
- ¼ šalice nasjeckanog svježeg lišća peršina
- Srednji škampi od 3 funte, oguljeni, bez žilica
- 10 češnjeva češnjaka, oguljenih, nasjeckanih
- Sok od 2 limuna

UPUTE:
a) Dodajte 4 žlice maslaca u veliku tavu i stavite je na srednje jaku vatru. Kada se maslac otopi, umiješajte sol, kozice i papar i kuhajte 2-3 minute. Promiješajte svaku minutu otprilike. Kozice izvadite šupljikavom žlicom i stavite na tanjur.
b) U lonac dodajte češnjak i kuhajte dok ne zamiriši. Ulijte limunov sok i temeljac te promiješajte.
c) Kad zavrije, smanjite vatru i kuhajte dok se temeljac ne smanji na polovicu početne količine.
d) Dodajte ostatak maslaca, svaki put po žlicu i miješajte dok se svaki put ne otopi.
e) Dodajte škampe i lagano miješajte dok se dobro ne prekrije.
f) Po vrhu pospite peršinom i poslužite.

68. Škampi na žaru

SASTOJCI:
ZAČIN ZA KOZICE
- 2 žličice češnjaka u prahu
- 2 žličice talijanskog začina
- 2 žličice košer soli
- ½ - 1 žličica kajenskog papra

ROŠTILJANJE
- 4 žlice ekstra djevičanskog maslinovog ulja
- 2 funte škampi, oguljene, očišćene
- 2 žlice svježeg soka od limuna
- Ulje za podmazivanje roštilja naribano

UPUTE:
a) U slučaju da ga pečete u pećnici, pripremite lim za pečenje tako da ga obložite folijom i namastite i foliju masnoćom.
b) Dodajte češnjak u prahu, kajenski papar, sol i talijanske začine u veliku zdjelu i dobro promiješajte.
c) Dodati limunov sok i ulje i dobro promiješati.
d) Umiješajte škampe. Pazite da su škampi dobro obloženi smjesom.
e) Rešetke roštilja namažite s malo ulja. Škampe ispecite na roštilju ili u pećnici dok ne porumene. Trebalo bi trajati 2-3 minute za svaku stranu.

69. Ghee i češnjak prženi bakalar

SASTOJCI:
- 2 fileta bakalara (4,8 unci svaki)
- 3 režnja češnjaka, oguljena, nasjeckana
- Posolite po ukusu
- 1 ½ žlice gheeja
- ½ žlice češnjaka u prahu (po želji)

UPUTE:
a) Stavite tavu na srednje jaku vatru. Dodajte ghee.
b) Nakon što se ghee otopi, umiješajte polovicu češnjaka i kuhajte oko 6 – 10 sekundi.
c) Dodajte filete i začinite češnjakom u prahu i soli.
d) Uskoro će boja ribe postati potpuno bijela. Ova bi boja trebala biti vidljiva za otprilike polovicu visine ribe.
e) Okrenite ribu i kuhajte, dodajući preostali češnjak.
f) Kada cijeli fil pobijeli, izvadite iz pleha i poslužite.

70.Škampi sa soli i paprom

SASTOJCI:

- 1 žlica košer soli
- 1½ žličice sečuanskog papra u zrnu
- 1½ funte velikih škampi (U31-35), oguljenih i bez žilica, ostavljenih repova
- ½ šalice biljnog ulja
- 1 šalica kukuruznog škroba
- 4 mladog luka, dijagonalno narezana
- 1 jalapeño papričica, prepolovljena i bez sjemenki, tanko narezana
- 6 režnjeva češnjaka, tanko narezanih

UPUTE:

a) U maloj tavi ili tavi na srednje jakoj vatri tostirajte sol i papar u zrnu dok ne poprime miris, često mućkajući i miješajući da ne zagori. Prebacite u zdjelu da se potpuno ohladi. Samljeti sol i papar u zrnu zajedno u mlincu za začine ili pomoću mužara i tučka. Prebacite u zdjelu i ostavite sa strane.

b) Posušite škampe papirnatim ručnikom.

c) U woku zagrijte ulje na srednje jakoj vatri do 375°F, ili dok ne počne mjehuriti i cvrčiti oko vrha drvene žlice.

d) Stavite kukuruzni škrob u veliku zdjelu. Neposredno prije nego što budete spremni pržiti škampe, ubacite polovicu škampi da se pokriju kukuruznim škrobom i otresite sav višak škroba.

e) Kozice pržite 1 do 2 minute, dok ne porumene. Pomoću lopatice za wok premjestite pržene škampe na rešetku postavljenu iznad lima za pečenje da se ocijede. Ponovite postupak s preostalim škampima ubacivanjem kukuruznog škroba, prženjem i prebacivanjem na rešetku da se ocijede.

f) Nakon što su svi škampi kuhani, pažljivo uklonite sve osim 2 žlice ulja i vratite wok na srednju vatru. Dodajte mladi luk, jalapeño i češnjak i pržite uz miješanje dok mladi luk i jalapeño ne poprime jarkozelenu boju, a češnjak postane aromatičan. Vratite škampe u wok, začinite po ukusu mješavinom soli i papra (možda nećete upotrijebiti sve) i ubacite u premaz. Prebacite škampe na pladanj i poslužite vruće.

71. Pijani škampi

SASTOJCI:
- 2 šalice Shaoxing rižinog vina
- 4 oguljene svježe kriške đumbira, svaka veličine četvrtine
- 2 žlice suhih goji bobica (po želji)
- 2 žličice šećera
- Jumbo škampi od 1 funte (U21-25), oguljeni i bez žilica, ostavljeni repovi
- 2 žlice biljnog ulja
- Košer soli
- 2 žličice kukuruznog škroba

UPUTE:
a) U širokoj posudi za miješanje pomiješajte rižino vino, đumbir, goji bobice (ako koristite) i šećer dok se šećer ne otopi. Dodajte kozice i poklopite. Marinirati u hladnjaku 20 do 30 minuta.
b) Ulijte škampe i marinadu u cjedilo postavljeno iznad zdjele. Sačuvajte ½ šalice marinade, a ostatak bacite.
c) Zagrijte wok na srednje jakoj vatri dok kap vode ne zacvrči i ne ispari pri dodiru. Ulijte ulje i vrteći premažite podlogu woka. Začinite ulje dodavanjem malog prstohvata soli i lagano promiješajte.
d) Dodajte škampe i snažno ih pržite uz miješanje, dodajući prstohvat soli dok okrećete i bacate škampe u woku. Nastavite pomicati škampe oko 3 minute, dok ne postanu ružičaste.
e) Kukuruzni škrob umiješajte u ostavljenu marinadu i prelijte preko škampa. Ubacite škampe i premažite marinadom. Zgusnut će se u sjajni umak kada počne kuhati, još otprilike 5 minuta.
f) Prebacite škampe i goji bobice na pladanj, bacite đumbir i poslužite vruće.

72. Prženi škampi na šangajski način

SASTOJCI:

- Srednje veliki škampi od 1 funte (U31-40), oguljeni i bez žilica, ostavljeni repovi
- 2 žlice biljnog ulja
- Košer soli
- 2 žličice Shaoxing rižinog vina
- 2 mladog luka, fino julien

UPUTE:

a) Oštrim kuhinjskim škarama ili nožem za guljenje prerežite škampe na pola po dužini, a rep ostavite netaknutim. Budući da se škampi prže, rezanjem na ovaj način dobit ćete veću površinu i stvoriti jedinstveni oblik i teksturu!

b) Osušite škampe papirnatim ručnicima i ostavite ih na suhom. Što su škampi suši, to je jelo ukusnije. Škampe možete držati u hladnjaku, smotane u papirnati ubrus, do 2 sata prije kuhanja.

c) Zagrijte wok na srednje jakoj vatri dok kap vode ne zacvrči i ne ispari pri dodiru. Ulijte ulje i vrteći premažite podlogu woka. Začinite ulje dodavanjem malog prstohvata soli i lagano promiješajte.

d) U vrući wok dodajte sve škampe odjednom. Brzo miješajte i okrećite 2 do 3 minute, sve dok škampi ne počnu poprimati ružičastu boju. Začinite još malim prstohvatom soli i dodajte rižino vino. Pustite da vino prokuha dok nastavite pržiti, još oko 2 minute. Škamp bi se trebao odvojiti i sklupčati, još uvijek pričvršćen na repu.

e) Prebacite na tanjur za posluživanje i ukrasite mladim lukom. Poslužite vruće.

73. Škampi od oraha

SASTOJCI:
- Neljepljivo biljno ulje u spreju
- Jumbo škampi od 1 funte (U21–25), oguljeni
- 25 do 30 polovica oraha
- 3 šalice biljnog ulja, za prženje
- 2 žlice šećera
- 2 žlice vode
- ¼ šalice majoneze
- 3 žlice zaslađenog kondenziranog mlijeka
- ¼ žličice rižinog octa
- Košer soli
- ⅓ šalice kukuruznog škroba

UPUTE:

a) Lim za pečenje obložite papirom za pečenje i lagano poprskajte sprejom za kuhanje. Staviti na stranu.

b) Oblikujte škampe tako da ih držite na dasci za rezanje sa zakrivljenom stranom prema dolje. Počevši od područja glave, umetnite vrh noža za guljenje tri četvrtine u škampe. Napravite rez po sredini leđa škampa do repa. Nemojte rezati škampe do kraja i nemojte rezati područje repa. Otvorite kozicu kao knjigu i raširite je. Obrišite venu (probavni trakt škampa) ako je vidljiva i isperite škampe pod hladnom vodom, zatim ih osušite papirnatim ručnikom. Staviti na stranu.

c) U woku zagrijte ulje na srednje jakoj vatri do 375°F, ili dok ne počne mjehuriti i cvrčiti oko vrha drvene žlice. Pržite orahe dok ne porumene, 3 do 4 minute, i pomoću kuhače za kuhanje u woku prebacite orahe na tanjur obložen papirnatim ručnikom. Stavite sa strane i ugasite vatru.

d) U malom loncu pomiješajte šećer i vodu i kuhajte na srednje jakoj vatri, povremeno miješajući, dok se šećer ne otopi. Smanjite vatru na srednju i kuhajte da se sirup reducira 5 minuta ili dok sirup ne postane gust i sjajan. Dodajte orahe i promiješajte da ih potpuno prekrijete sirupom. Prebacite orahe u pripremljeni lim za pečenje i ostavite sa strane da se ohlade. Šećer bi se trebao stvrdnuti oko oraha i oblikovati kandiranu ljusku.

e) U maloj posudi pomiješajte majonezu, kondenzirano mlijeko, rižin ocat i prstohvat soli. Staviti na stranu.

f) Vratite ulje za wok na 375°F na srednje jakoj vatri. Dok se ulje zagrijava, škampe lagano začinite prstohvatom soli. U zdjelu za miješanje pomiješajte škampe s kukuruznim škrobom dok se dobro ne prekriju. Radeći u malim serijama, otresite višak kukuruznog škroba sa škampa i pržite u ulju, brzo ih pomičući u ulju da se ne zalijepe. Pržite škampe 2 do 3 minute dok ne porumene.

g) Prebacite u čistu zdjelu za miješanje i pokapajte umak. Nježno savijte dok škampi ne budu ravnomjerno obloženi. Složite škampe na pladanj i ukrasite kandiranim orasima. Poslužite vruće.

74. Baršunaste Jakobove kapice

SASTOJCI:
- 1 veći bjelanjak
- 2 žlice kukuruznog škroba
- 2 žlice Shaoxing rižinog vina, podijeljene
- 1 čajna žličica košer soli, podijeljena
- 1 funta svježe morske kapice, isprane, uklonjeni mišići i osušene tapkanjem
- 3 žlice biljnog ulja, podijeljeno
- 1 žlica svijetlog soja umaka
- ¼ šalice svježe iscijeđenog soka od naranče
- Naribana korica 1 naranče
- Pahuljice crvene paprike (po želji)
- 2 mladog luka, samo zeleni dio, narezan na tanke ploške, za ukras

UPUTE:

a) U velikoj zdjeli pomiješajte bjelanjak, kukuruzni škrob, 1 žlicu rižinog vina i ½ žličice soli i miješajte malom pjenjačom dok se kukuruzni škrob potpuno ne otopi i više ne bude grudičast. Ubacite jakobove kapice i ostavite u hladnjaku 30 minuta.

b) Izvadite jakobove kapice iz hladnjaka. Zakuhajte lonac srednje veličine s vodom. Dodajte 1 žlicu biljnog ulja i smanjite na laganoj vatri. Dodajte jakobove kapice u vodu koja ključa i kuhajte 15 do 20 sekundi, neprestano miješajući dok ne postanu neprozirne (kakovske kapice neće biti potpuno kuhane). Pomoću lopatice za wok premjestite jakobove kapice na lim za pečenje obložen papirnatim ručnikom i osušite papirnatim ručnicima.

c) U staklenoj mjernoj posudi pomiješajte preostalu 1 žlicu rižinog vina, svijetlu soju, narančin sok, narančinu koricu i prstohvat pahuljica crvene paprike (ako koristite) i ostavite sa strane.

d) Zagrijte wok na srednje jakoj vatri dok kap vode ne zacvrči i ne ispari pri dodiru. Ulijte preostale 2 žlice ulja i vrteći premažite podlogu woka. Začinite ulje dodavanjem preostale ½ žličice soli.

e) Dodajte baršunaste jakobove kapice u wok i promiješajte umak. Pržite jakobove kapice uz miješanje dok se ne skuhaju, otprilike 1 minutu. Prebacite u posudu za posluživanje i ukrasite mladim lukom.

75. Plodovi mora i povrće Podrškas rezancima

SASTOJCI:
- 1 šalica biljnog ulja, podijeljena
- 3 oguljene kriške svježeg đumbira
- Košer soli
- 1 crvena paprika, izrezana na komade od 1 inča
- 1 manji bijeli luk, narezan na tanke, dugačke okomite trake
- 1 velika šaka snježnog graška, uklonjene niti
- 2 velika češnja češnjaka, sitno nasjeckana
- ½ funte škampa ili ribe, izrezane na komade od 1 inča
- 1 žlica umaka od crnog graha
- ½ funte sušenih rižinih rezanaca ili rezanaca od graha

UPUTE:

a) Zagrijte wok na srednje jakoj vatri dok kap vode ne zacvrči i ne ispari pri dodiru. Ulijte 2 žlice ulja i vrteći premažite podlogu woka. Začinite ulje dodavanjem kriški đumbira i malim prstohvatom soli. Ostavite đumbir da cvrči u ulju oko 30 sekundi, lagano vrteći.

b) Dodajte papriku i luk i brzo ih popržite bacajući i okrećući ih u woku pomoću lopatice za wok.

c) Lagano posolite i nastavite pržiti uz miješanje 4 do 6 minuta, dok luk ne postane mekan i proziran. Dodajte nasjeckani grašak i češnjak, bacajte i okrećite dok češnjak ne zamiriše, otprilike još jednu minutu. Prebacite povrće na tanjur.

d) Zagrijte još 1 žlicu ulja i dodajte škampe ili ribu. Lagano promiješajte i lagano začinite malim prstohvatom soli. Pržite uz miješanje 3 do 4 minute ili dok škampi ne postanu ružičasti ili dok se riba ne počne ljuštiti. Vratiti povrće i sve zajedno kuhati još 1 minutu. Odbacite đumbir i prebacite škampe na pladanj. Šator s folijom za grijanje.

e) Obrišite wok i vratite ga na srednje jaku vatru. Ulijte preostalo ulje (oko ¾ šalice) i zagrijte na 375°F, ili dok ne počne mjehurića i cvrči oko vrha drvene žlice. Čim se ulje zagrije dodajte sušene rezance. Odmah će se početi napuhivati i dizati iz ulja. Pomoću hvataljki preokrenite oblak rezanaca ako trebate ispeći gornji dio, pažljivo ih izvadite iz ulja i premjestite na tanjur obložen papirnatim ručnikom da se ocijede i ohlade.

f) Nježno izlomite rezance na manje komade i posipajte po prženom povrću i škampima. Poslužite odmah.

76. Cijela riba kuhana na pari s đumbirom i mladim lukom

SASTOJCI:
ZA RIBE
- 1 cijela bijela riba, oko 2 funte, s glavom i očišćena
- ½ šalice košer soli, za čišćenje
- 3 mlada luka, narezana na komade od 3 inča
- 4 oguljene svježe kriške đumbira, svaka veličine četvrtine
- 2 žlice Shaoxing rižinog vina

ZA UMAK
- 2 žlice svijetlog soja umaka
- 1 žlica sezamovog ulja
- 2 žličice šećera

ZA KRIJUĆE ULJE ĐUMBIRA
- 3 žlice biljnog ulja
- 2 žlice oguljenog svježeg đumbira sitno nasjeckanog na tanke trakice
- 2 mladog luka, tanko narezana
- Crveni luk, sitno narezan (po želji)
- cilantro (po izboru)

UPUTE:
a) Natrljajte ribu izvana i iznutra košer soli. Ribu operite i osušite papirnatim ručnicima.
b) Na tanjuru dovoljno velikom da stane u košaru kuhala na pari od bambusa, napravite posteljicu od pola mladog luka i đumbira. Položite ribu na vrh i nadjenite preostali mladi luk i đumbir u ribu. Prelijte ribu rižinim vinom.
c) Isperite košaru za kuhanje na pari od bambusa i njezin poklopac pod hladnom vodom i stavite je u wok. Ulijte oko 2 inča hladne vode ili dok ne dođe iznad donjeg ruba posude za paru za otprilike ¼ do ½ inča, ali ne tako visoko da voda dodiruje dno košare. Zakuhajte vodu.
d) Stavite tanjur u košaru kuhala na pari i poklopite. Ribu kuhajte na pari na srednjoj vatri 15 minuta (dodajte 2 minute za svakih pola kilograma više). Prije vađenja iz woka ribu izbodite vilicom u blizini glave. Ako se meso ljušti, gotovo je. Ako se meso i dalje lijepi, kuhajte na pari još 2 minute.
e) Dok se riba kuha na pari, u maloj tavi zagrijte svijetlo sojino, sezamovo ulje i šećer na laganoj vatri i ostavite sa strane.
f) Nakon što je riba pečena, prebacite je na čisti pladanj. Bacite tekućinu od kuhanja i arome s ploče za kuhanje na pari. Ribu prelijte toplom mješavinom soja umaka. Pokrijte šator folijom da bude toplo dok pripremate ulje.

77. Pržena riba s đumbirom i Bok Choy

SASTOJCI:
- 1 veći bjelanjak
- 1 žlica Shaoxing rižinog vina
- 2 žličice kukuruznog škroba
- 1 žličica sezamovog ulja
- ½ žličice svijetlog soja umaka
- Riblji fileti bez kostiju od 1 funte, izrezani na komade od 2 inča
- 4 žlice biljnog ulja, podijeljeno
- Košer soli
- 4 oguljene kriške svježeg đumbira, otprilike veličine četvrtine
- 3 glavice baby bok choya, izrezane na komade veličine zalogaja
- 1 češanj češnjaka, samljeven

UPUTE:
a) U srednjoj zdjeli pomiješajte bjelanjak, rižino vino, kukuruzni škrob, sezamovo ulje i svijetlu soju. Dodajte ribu u marinadu i promiješajte da se prekrije. Marinirati 10 minuta.

b) Zagrijte wok na srednje jakoj vatri dok kap vode ne zacvrči i ne ispari pri dodiru. Ulijte 2 žlice biljnog ulja i vrteći premažite podlogu woka. Začinite ulje dodavanjem malog prstohvata soli i lagano promiješajte.

c) Rupičastom žlicom izvadite ribu iz marinade i pržite u woku oko 2 minute sa svake strane, dok lagano ne porumeni s obje strane. Prebacite ribu na tanjur i ostavite sa strane.

d) Dodajte preostale 2 žlice biljnog ulja u wok. Dodajte još jedan prstohvat soli i đumbir te začinite ulje, lagano vrteći 30 sekundi. Dodajte bok choy i češnjak i miješajući pržite 3 do 4 minute, neprestano miješajući, dok bok choy ne omekša.

e) Vratite ribu u wok i lagano pomiješajte s bok choyem dok se ne sjedini. Lagano začinite još jednim prstohvatom soli. Prebacite na pladanj, bacite đumbir i odmah poslužite.

78. Dagnje u umaku od crnog graha

SASTOJCI:
- 3 žlice biljnog ulja
- 2 oguljene kriške svježeg đumbira, svaka veličine četvrtine
- Košer soli
- 2 mladog luka, izrezana na komade duge 2 inča
- 4 velika režnja češnjaka, tanko narezana
- 2 funte živih PEI dagnji, očišćenih i bez brade
- 2 žlice Shaoxing rižinog vina
- 2 žlice umaka od crnog graha ili kupovnog umaka od crnog graha
- 2 žličice sezamovog ulja
- ½ vezice svježeg cilantra, grubo nasjeckanog

UPUTE:
a) Zagrijte wok na srednje jakoj vatri dok kap vode ne zacvrči i ne ispari pri dodiru. Ulijte biljno ulje i vrteći premažite podlogu woka. Začinite ulje dodavanjem kriški đumbira i malim prstohvatom soli. Ostavite đumbir da cvrči u ulju oko 30 sekundi, lagano vrteći.
b) Ubacite mladi luk i češnjak i pržite uz miješanje 10 sekundi ili dok mladi luk ne uvene.
c) Dodajte dagnje i promiješajte da se pokažu uljem. Ulijte rižino vino niz stijenke woka i kratko promiješajte. Poklopite i kuhajte na pari 6 do 8 minuta, dok se dagnje ne otvore.
d) Otkrijte i dodajte umak od crnog graha, pomiješajte da obložite školjke. Poklopite i pustite da se kuha na pari još 2 minute. Otkrijte i probiberite, uklanjajući sve dagnje koje se nisu otvorile.
e) Pokapajte dagnje sezamovim uljem. Kratko promiješajte dok sezamovo ulje ne zamiriše. Odbacite đumbir, prebacite dagnje na pladanj i ukrasite cilantrom.

79. Kokosov curry rak

SASTOJCI:
- 2 žlice biljnog ulja
- 2 oguljene kriške svježeg đumbira, otprilike veličine četvrtine
- Košer soli
- 1 ljutika, tanko narezana
- 1 žlica curry praha
- 1 (13,5 unce) limenka kokosovog mlijeka
- ¼ žličice šećera
- 1 žlica Shaoxing rižinog vina
- Konzervirano meso rakova od 1 funte, ocijeđeno i probrano da se uklone komadići ljuske
- Svježe mljeveni crni papar
- ¼ šalice nasjeckanog svježeg cilantra ili ravnog peršina, za ukras
- Kuhana riža, za posluživanje

UPUTE:

a) Zagrijte wok na srednje jakoj vatri dok kap vode ne zacvrči i ne ispari pri dodiru. Ulijte ulje i vrteći premažite podlogu woka. Začinite ulje dodavanjem kriški đumbira i prstohvatom soli. Ostavite đumbir da cvrči u ulju oko 30 sekundi, lagano vrteći.

b) Dodajte ljutiku i miješajući pržite oko 10 sekundi. Dodajte curry prah i miješajte dok ne zamiriše još 10 sekundi.

c) Umiješajte kokosovo mlijeko, šećer i rižino vino, poklopite wok i kuhajte 5 minuta.

d) Umiješajte rakove, pokrijte poklopcem i kuhajte dok se ne zagriju, oko 5 minuta. Uklonite poklopac, začinite solju i paprom i bacite đumbir. Prelijte po vrhu zdjele riže i ukrasite nasjeckanim cilantrom.

80. Lignje s crnim paprom pržene u dubokom ulju

SASTOJCI:

- 3 šalice biljnog ulja
- Cjevčice i ticala lignje od 1 funte, očišćene i izrezane na kolutiće od ⅓ inča
- ½ šalice rižinog brašna
- Košer soli
- ¼ žličice svježe mljevenog crnog papra
- ¾ šalice gazirane vode, hladno hladne
- 2 žlice grubo nasjeckanog svježeg cilantra

UPUTE:

a) Ulijte ulje u wok; ulje bi trebalo biti duboko oko 1 do 1½ inča. Zagrijte ulje na 375°F na srednje jakoj vatri. Možete vidjeti da je ulje na odgovarajućoj temperaturi kada ulje mjehuri i cvrči oko kraja drvene žlice kada se umoči u nju. Osušite lignje papirnatim ručnicima.

b) U međuvremenu u plitkoj zdjeli promiješajte rižino brašno s prstohvatom soli i papra. Umutite tek toliko gazirane vode da dobijete rijetku smjesu. Presavijte lignje i, radeći u serijama, podignite lignje iz tijesta pomoću lopatice za wok ili šupljikave žlice, otresajući sav višak. Pažljivo spustiti u vruće ulje.

c) Kuhajte lignje oko 3 minute, dok ne porumene i postanu hrskave. Pomoću lopatice za wok izvadite lignje iz ulja i premjestite ih na tanjur obložen papirnatim ručnikom i lagano posolite. Ponovite s preostalim lignjama.

d) Prebacite lignje na pladanj i ukrasite cilantrom. Poslužite vruće.

81. Pržene kamenice s konfetima od čilija i češnjaka

SASTOJCI:

- 1 posuda malih oljuštenih kamenica (16 unci).
- ½ šalice rižinog brašna
- ½ šalice višenamjenskog brašna, podijeljeno
- ½ žličice praška za pecivo
- Košer soli
- Mljeveni bijeli papar
- ¼ žličice luka u prahu
- ¾ šalice gazirane vode, ohlađene
- 1 žličica sezamovog ulja
- 3 šalice biljnog ulja
- 3 velika režnja češnjaka, tanko narezana
- 1 mali crveni čili, sitno narezan
- 1 mali zeleni čili, sitno narezan
- 1 mladi luk, tanko narezan

UPUTE:

a) U zdjeli za miješanje pomiješajte rižino brašno, ¼ šalice višenamjenskog brašna, prašak za pecivo, prstohvat soli i bijelog papra te luk u prahu. Dodajte gaziranu vodu i sezamovo ulje, miješajte dok ne postane glatko i ostavite sa strane.

b) U woku zagrijte biljno ulje na srednje jakoj vatri do 375°F, ili dok ne počne mjehuriti i cvrčiti oko vrha drvene žlice.

c) Obrišite kamenice papirnatim ručnikom i ubacite ih u preostalu ¼ šalice višenamjenskog brašna. Kamenice jednu po jednu umačite u tijesto od rižinog brašna i pažljivo spuštajte u vruće ulje.

d) Pržite kamenice 3 do 4 minute, ili dok ne porumene. Prebacite na žičanu rešetku za hlađenje postavljenu preko lima za pečenje da se ocijedi. Lagano pospite solju.

e) Vratite temperaturu ulja na 375°F i kratko pržite češnjak i čili dok ne postanu hrskavi, ali još uvijek svijetle boje, oko 45 sekundi. Žičanom lopaticom izvadite iz ulja i stavite na tanjur obložen papirnatim ručnikom.

f) Složite kamenice na pladanj i preko njih pospite češnjak i čili. Ukrasite narezanim mladim lukom i odmah poslužite.

82. Air Fryer kokos škampi

SASTOJCI:
- 1/2 šalice višenamjenskog brašna
- 1 1/2 žličice mljevenog crnog papra
- 2 velika jaja
- 2/3 šalice nezaslađenog kokosa u listićima
- 1/3 šalice panko krušnih mrvica
- 12 unci nekuhanih srednjih škampa,
- 1 porcija spreja za kuhanje
- 1/2 žličice košer soli, podijeljeno
- 1/4 šalice meda
- 1/4 šalice soka od limete
- 1 Serrano čili, tanko narezan
- 2 žličice nasjeckanog svježeg cilantra

UPUTE:
a) U drugoj plitkoj posudi lagano umutite jaja. Pomiješajte kokos i panko u trećoj plitkoj posudi.
b) Držite svaku kozicu za rep, ubacite u smjesu brašna i uklonite višak. Zatim umočite pobrašnjene škampe u jaje i pozovite sav višak da iscuri.
c) Na kraju udubite u smjesu kokosa, pritiskajući da se zalijepi. Postavljeno na tanjur. Dobro premažite škampe sprejom za kuhanje.
d) U međuvremenu pomiješajte med, sok limete i Serrano čili u zdjeli normalne veličine za umak. Pržene škampe pospite cilantrom i poslužite s umakom.

83.Friteza limun paparŠkampi

SASTOJCI:
- 1 žlica maslinovog ulja
- 1 limun, iscijeđen
- 1 žličica limun papra
- 1/4 žličice paprike
- 1/4 žličice češnjaka u prahu
- 12 unci nekuhanih srednjih škampa,
- 1 limun, narezan na kriške

UPUTE:
a) Prethodno zagrijte fritezu na 400 stupnjeva F (200 stupnjeva C).
b) Pomiješajte kokosovo ulje, limunov sok, limunov papar, papriku i češnjak u prahu u zdjeli. Dodajte škampe i miješajte dok se ne prekrije.
c) Stavite škampe u fritezu i kuhajte dok ne porumene i postanu čvrsti, 6 do 8 minuta. Poslužite s kriškama limuna.

84. Škampi umotani u slaninu

SASTOJCI:
- 1 litra biljnog ulja za prženje
- 32 svaki oguljen i deveniran
- 1 limenka ukiseljene jalapeño paprike
- 16 ploški slanine prerezati na pola
- po 32 čačkalice

UPUTE:
a) Zagrijte ulje u fritezi ili velikom loncu na 350 stupnjeva F (175 stupnjeva C)
b) Škampe zarežite uzduž debla, skoro do vrha. Svaku kozicu nadjenite kriškom jalapeña, a zatim omotajte polovicom kriške slanine. Učvrstite čačkalicom. Ponovite sa svim tim ostalim sastojcima.
c) Kuhajte škampe u serijama na vrućem ulju prije nego slanina postane hrskava i zlatno smeđa, 2-3 minute. Ocijedite na tanjuru obloženom papirnatim ručnikom prije posluživanja.

85. Nevjerojatne školjke rakova

SASTOJCI:
- 36 komada (prazne) školjke jumbo tjestenine
- 2 paketa neufchatel sira
- Imitacija mesa rakova od 1 funte
- 6 unci kuhanih sitnih račića
- 1 glavica luka, mljevena
- 2 stabljike celera, nasjeckane
- 1/3 šalice majoneze
- 2 žlice bijelog šećera
- 1 1/2 žličice soli
- 1/2 žličice mljevenog crnog papra
- 1 žličica soka od limuna

UPUTE:
a) Zakuhajte veliki lonac posoljene vode i dodajte ljuske tjestenine; prokuhati do stanja al dente. Dobro ocijediti.
b) U velikoj zdjeli za miješanje pomiješajte krem sir, rakove, škampe, luk, celer, majonezu, šećer, sol, papar i limunov sok; dobro promiješajte.
c) Nadjenite smjesu od krem sira u ljuske jumbo tjestenine. Ohladite najmanje 2 sata prije posluživanja.

86. Šampinjoni punjeni škampima

SASTOJCI:
- 20 većih bijelih gljiva, omekšanih
- 1 (4 unce) limenka malih račića, isperite d
- 1/2 šalice krem sira s okusom vlasca i luka
- 1/2 žličice Worcestershire umaka
- 1 prstohvat češnjaka u prahu ili po ukusu
- 1 žlica ljutog umaka u stilu Louisiane
- 3/4 šalice ribanog Romano sira

UPUTE:
a) Lagano namastite posudu za pečenje 9x13 inča.
b) Dok se klobuci gljiva hlade, pomiješajte škampe, krem sir, Worcestershire umak, češnjak u prahu i ljuti umak u zdjeli i promiješajte da se dobro sjedine.
c) Žlicom stavite otprilike 2 žličice mješavine škampa u klobuk svake gljive i stavite, stranom za nadjev prema gore, u pripremljenu posudu za pečenje.
d) Pospite Romano sir na svaku gljivu.
e) Zagrijte pećnicu na 400 stupnjeva F (200 stupnjeva C). Otklopite posudu i pecite gljive u prethodno zagrijanoj pećnici oko 15 minuta.

87. američki Ceviche

SASTOJCI:

- 1 paket kuhanih srednjih škampa
- 2 pakiranja imitacije rakova
- 5 rajčica, narezanih na kockice
- 3 srednja (prazna) avokada
- 1 engleski krastavac
- 1 glavica crvenog luka, narezana na kockice
- 1 vezica cilantra, nasjeckana
- 4 limete, ocijeđene
- 2 srednje jalapeño paprike,
- 2 režnja češnjaka, protisnuti
- 1 boca koktela od soka od rajčice i školjki
- 1 prstohvat soli i mljevenog crnog papra

UPUTE:

a) Pomiješajte škampe, imitaciju rakova, rajčice, avokado, krastavce, crveni luk, cilantro, sok limete, jalapeño papričicu i češnjak zajedno u posudi s poklopcem; salatu prelijte koktelom od soka od rajčice i školjki i promiješajte. Začinite po ukusu solju i crnim paprom.

b) Ostavite salatu da se marinira preko noći u hladnjaku; ponovno promiješajte prije posluživanja.

88. Okruglice od svinjetine i škampa

SASTOJCI:
- 1/4 funte mljevene svinjetine
- 1 šalica nasjeckane potočarke
- 1/2 (8 unci) limenke vodenog kestena
- 1/4 šalice nasjeckanog mladog luka
- 1 žlica umaka od kamenica
- 1 1/2 žlice sezamovog ulja
- 1 žličica mljevenog češnjaka
- 1 žličica soja umaka
- 1 (16 unci) paket kora za knedle
- 1 funta oguljenih i očišćenih škampa

UPUTE:
a) U velikoj zdjeli pomiješajte svinjetinu, potočarku, vodene kestene, zeleni luk, umak od kamenica, sezamovo ulje, češnjak, sojin umak, mljeveni bijeli papar i sol i dobro promiješajte.
b) Na svaku koru okruglice stavite 1/2 žličice nadjeva. Na nadjev staviti 1 kozicu.
c) Za kuhanje: Pržite knedle u velikoj tavi na srednje jakoj vatri s uljem 15 minuta, okrećući ih na pola puta ILI ih stavite u lonac s kipućom vodom na 10 minuta; ocijedite i poslužite u vrućoj pilećoj juhi.

89. Predjelo Ćevapi od kozica

SASTOJCI:
- 3 žlice maslinovog ulja
- 3 zgnječena češnja češnjaka
- 1/2 šalice suhih krušnih mrvica
- 1/2 žličice začina za plodove mora
- 32 nekuhana srednja kozica
- koktel umak od plodova mora

UPUTE:
a) U plitkoj zdjeli pomiješajte ulje i češnjak; neka su svakako simbol 30 min ute s. U drugoj zdjeli pomiješajte krušne mrvice i začin za plodove mora. Umočite škampe u mješavinu ulja, a zatim premažite smjesom od mrvica.
b) Navucite na metalne ili namočene drvene ražnjiće. Pecite ćevape poklopljene na srednjoj vatri 2-3 minute ili dok škampi ne porumene. Poslužite s umakom od plodova mora.

90. Meksički koktel od škampa

SASTOJCI:

- 1/3 šalice luka nasjeckanog španjolskog luka
- 1/4 šalice soka od limete
- Ohlađeni kuhani srednji škampi od 1 funte
- 2 srednje rajčice
- 1 krastavac sitno nasjeckan
- 1 stabljika celera sitno nasjeckana
- 1 paprika jalapeño paprika bez sjemenki
- 2 žličice soli
- 2 žličice crnog papra
- 1 šalica sok od školjki
- 1 šalica kečapa
- 1 hrpa cilantra
- 2 žlice umaka od ljutih papričica
- 2 avokada

UPUTE:

a) Pomiješajte luk sa sokom limete u maloj zdjelici i ostavite da odstoji sigurno 10 minuta. U međuvremenu, pomiješajte škampe, roma rajčice, krastavce, celer, jalapeño, sol i crni papar u zdjelu dok se dobro ne sjedine.

b) Umutite koktel soka od rajčice i školjki, kečap, cilantro i umak od ljutih papričica u drugoj zdjeli; umiješajte dressing u smjesu za škampe. Lagano umiješajte avokado. Pokrijte i dobro ohladite, najmanje 1 sat.

MESO ORGANA

91. Goveđi jezik pečen u tavi

SASTOJCI:
- 2 cijela juneća jezika, oprana
- 2 žlice masti ili maslaca
- 6 šalica vode
- Začini po izboru

UPUTE:
a) Najbolje ga je kuhati u instant loncu ili ekspres loncu.
b) Dodajte vodu i jezike u instant lonac i kuhajte na "Ručno" 35 minuta. Neka pritisak prirodno popusti.
c) Ako nemate instant lonac, ulijte vodu u lonac. Dodajte jezike i stavite lonac na srednju vatru.
d) Kad počne kuhati, smanjite vatru na laganu. Kuhajte poklopljeno dok ne omekša.
e) Izvadite jezike i stavite ih na dasku za rezanje. Kad se dovoljno ohladi za rukovanje, narežite na kriške. Preko toga pospite začine po želji.
f) Stavite tavu na srednju vatru. Dodajte maslac. Nakon što se maslac otopi, stavite ploške jezika u tavu i pržite 2-3 minute. Kad je s jedne strane gotovo, pecite drugu stranu dok ne dobijete dobru zlatno-smeđu boju. Poslužite vruće.

92. Marokanski ćevapi od jetre

SASTOJCI:
- 8 unci bubrežne masti, izborno, ali preporučljivo, narezano na kockice
- 2,2 kilograma svježe teleće ili janjeće jetre (po mogućnosti teleća jetra), uklonite prozirnu opnu, narežite na kockice od ¾ inča

MARINADA
- 2 žlice mljevene slatke paprike
- 2 žličice soli
- 1 žličica mljevenog kima

SERVIRATI
- 2 žličice mljevenog kima
- 2 žličice kajenskog papra (po želji)
- 2 žličice soli

UPUTE:
a) Jetrica i mast stavite u zdjelu i dobro promiješajte.
b) Pospite papriku, sol i kumin preko toga i još jednom miješajte dok se dobro ne prekrije.
c) Pokrijte zdjelu i ostavite u hladnjaku 1 - 8 sati.
d) 30 minuta prije pečenja izvadite zdjelu iz hladnjaka.
e) Postavite roštilj i prethodno ga zagrijte na srednje jaku temperaturu.
f) Kockice jetre naizmjence s kockicama bubrežnog sala nanizajte na ražnjiće, ne ostavljajući razmak između. Na svaki ražnjić stavite oko 6 - 8 kockica jetrica.
g) Pripremljene ražnjiće stavite na rešetku i pecite oko 8 - 10 minuta uz često okretanje. Jetrica bi trebala biti dobro pečena iznutra i spužvasta kada je pritisnete.
h) Poslužite vruće.

93. Quiche za mesojede

SASTOJCI:
- 1 funta mljevene govedine
- 1 funta mljevene goveđe jetre
- 1 funta mljevenog goveđeg srca
- Maslac ili ghee ili goveđi loj ili bilo koja druga životinjska mast po vašem izboru, za kuhanje, prema potrebi
- Posolite po ukusu
- 6 jaja

UPUTE:
a) Uzmite 2 tanjura za pitu (9 inča) i malo ih namažite s malo maslaca ili gheeja.
b) Provjerite je li vaša pećnica prethodno zagrijana na 360° F.
c) U zdjelu dodajte junetinu, juneću jetru, juneće srce, sol i jaja te dobro promiješajte.
d) Podijelite smjesu u 2 tanjura za pitu.
e) Pecite mesne pite dok se ne stegne, oko 15 do 20 minuta.
f) Izrežite svaku na 4 jednaka kriška kada je gotova i poslužite.

94. Jednostavno goveđe srce

SASTOJCI:
- 4 unce mljevenog goveđeg srca
- 4 unce mljevene govedine
- ½ žličice soli

UPUTE:
a) U zdjelu dodajte mljeveno juneće srce, mljevenu junetinu i sol te dobro promiješajte.
b) Smjesu podijeliti na 2 dijela i praviti kuglice.
c) Držite ih u staklenoj posudi za pečenje.
d) Provjerite je li vaša pećnica prethodno zagrijana na 360° F.
e) Stavite posudu za pečenje u pećnicu i pecite dok meso ne bude dobro pečeno unutar 20-ak minuta.

95. Torta mesojeda

SASTOJCI:
BRAUNSCHWEIGER
- ¼ funte svinjske lopatice ili goveđeg jezika, narezanog na kockice
- 10 unci svinjske ili goveđe jetre, izrezane na kockice
- 2 tvrdo kuhana jaja, oguljena
- 6 unci svinjske leđne masti, izrezane na kockice
- 1 ½ čajna žličica ružičaste morske soli

ZA PRELJEV
- 6 kriški pršuta ili carpaccia
- 6 kriški slanine

UPUTE:
a) Ovo jelo pripremajte 1 do 2 dana prije jela.
b) Dodajte svinjsku jetru, lopaticu i kockice masnoće u multipraktik i dobro procedite.
c) Ulijte ga u kalup za pečenje. Tepsiju pokriti folijom da voda ne ulazi u tepsiju. Provjerite je li čvrsto zamotan.
d) Uzmite posudu za pečenje, veću od posude s oprugom i ulijte centimetar kipuće vode na dno posude.
e) Stavite kalup s oprugama u posudu za pečenje.
f) Stavite posudu za pečenje zajedno s oprugom u pećnicu oko 2 sata. Provjerite je li vaša pećnica prethodno zagrijana na 300° F prije nego što stavite posudu za pečenje u pećnicu.
g) Izvadite kalup za pečenje iz pećnice. U tavi napravite 2 udubljenja, dovoljno velika da u njih stane jaje. U svako udubljenje stavite kuhano jaje. Jaja prekriti žlicom od mesa.
h) Ohladite i stavite u hladnjak na 1 - 2 dana.
i) Na to poslažite ploške pršuta i slanine. Poslužiti.

96. Jednostavni zalogaji goveđih bubrega

SASTOJCI:
- 2 goveđa bubrega
- Hladan maslac za posluživanje (po želji)
- Sol po ukusu (po želji)

UPUTE:
a) Bubrege stavite u lonac i prelijte vodom.
b) Stavite lonac na srednje jaku vatru.
c) Kad zavrije, kuhajte na srednje laganoj vatri djelomično poklopljeno.
d) Ocijedite vodu nakon 8 minuta.
e) Ako želite, bubreg možete isprati u vodi.
f) Narežite na komadiće veličine zalogaja. Posolite i poslužite s maslacem ako koristite.

97. Burgeri od goveđe i pileće jetrice

SASTOJCI:
- 2 unce pileće jetre
- 10 govedina hranjena travom
- ½ žličice začina za perad
- ½ žličice soli
- ¾ žličice mljevenog korijandera
- ½ žličice papra

UPUTE:
a) Dodajte pileća jetrica, govedinu, začine za perad, sol, korijander i papar u multipraktiku i dobro procedite.
b) Od smjese napravite 2 pljeskavice
c) Zagrijte roštilj na srednje jaku temperaturu.
d) Pecite hamburgere s obje strane po želji.
e) Poslužite vruće.

98. Pileća Srca

SASTOJCI:
- Pileća srca od 2 funte, osušena papirnatim ručnicima
- 2 žličice kajenskog papra ili po ukusu
- 2 žličice papra ili po ukusu
- 2 žličice soli ili po ukusu
- 2 žličice češnjaka u prahu
- 2 žličice luka u prahu ili po ukusu

UPUTE:
a) Pripremite posudu za pečenje tako da je obložite folijom.
b) Stavite pileća srca u posudu za pečenje. Pospite začinima i dobro promiješajte.
c) Provjerite je li vaša pećnica prethodno zagrijana na 350° F.
d) Pileća srca pecite oko 30 minuta.
e) Poslužite vruće.

99. Pečena koštana srž

SASTOJCI:
- 8 polovica koštane srži
- 1 žlica nasjeckanog peršina, za ukrašavanje
- Svježe mljeveni papar po ukusu
- Pahuljice morske soli

UPUTE:
a) Stavite polovice koštane srži s srži okrenutom prema gore na obrubljenu posudu za pečenje.
b) Provjerite je li vaša pećnica prethodno zagrijana na 350° F.
c) Pecite srž oko 20 - 25 minuta dok srž ne postane hrskava i zlatno smeđa.
d) Odozgo pospite solju i peršinom i poslužite.

100.Pašteta od pileće jetre

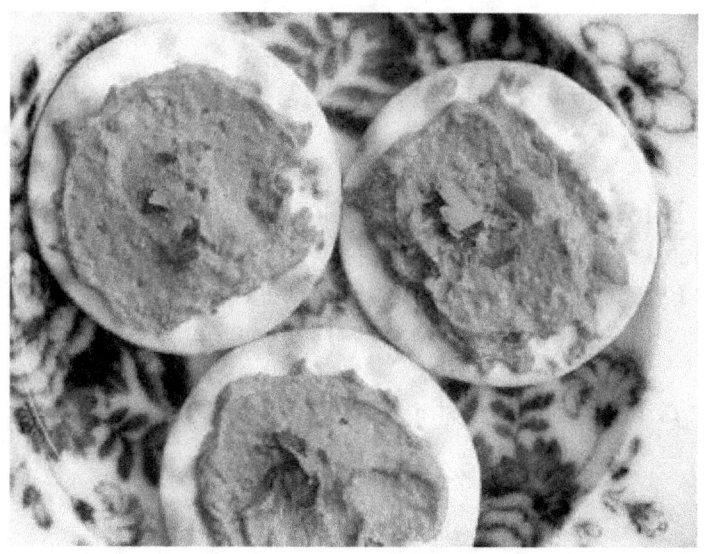

SASTOJCI:
- 4 unce pileće jetrice, obrezane, bacite tetive
- ½ žličice luka u prahu
- ½ žlice nasjeckanog peršina
- Papar po ukusu
- ¼ šalice maslaca ili pačje masti
- 1 češanj češnjaka, oguljen, samljeven
- ¼ žličice soli

UPUTE:
a) Stavite tavu s ½ žlice maslaca na srednju vatru. Kad se maslac otopi, dodajte češnjak i miješajte 30 - 45 sekundi dok ne postane aromatičan.
b) Dodajte jetricu i kuhajte dok ne porumene.
c) Dodajte peršin i dobro promiješajte. Nakon minute isključite vatru.
d) Ohladite neko vrijeme i prebacite u zdjelu multipraktika. Također, dodajte ostatak maslaca i soli i promiješajte dok se dobro ne ugnječi.
e) Žlicom narežite na 3 ramekina. Pokrijte prozirnom folijom i ostavite u hladnjaku 4 - 8 sati. Poslužite ohlađeno.

ZAKLJUČAK

Dok završavamo naše putovanje kroz " Mesožder Kuharica Na Otvorenom ", nadamo se da ste prihvatili uzbuđenje lova i užitak kuhanja divljači na otvorenom. Svaki recept na ovim stranicama svjedočanstvo je bogatstva i raznolikosti okusa koji se mogu otključati kada se bogatstvo prirode susreće s vještinama kuhara na otvorenom.

Bilo da ste uživali u dimljenim notama divljači na žaru, uživali u toplini gulaša na logorskoj vatri ili ste se oduševili nijansama dimljene divljači, vjerujemo da su ovi recepti za divljač dodali novu dimenziju vašem repertoaru kuhanja na otvorenom. Osim recepata, neka iskustvo kuhanja na otvorenom plamenu, miris drvenog dima i zajednički trenuci uz logorsku vatru postanu draga sjećanja u vašim avanturama na otvorenom.

Dok nastavljate istraživati nepregledne krajolike i divlja mjesta, neka " Mesožder Kuharica Na Otvorenom " bude vaš pouzdani suputnik, nadahnjujući vas da eksperimentirate s novim tehnikama, slavite uzbuđenje lova i uživate u radostima kuhanja na otvorenom. Ovdje je sloboda na otvorenom, okusi divljine i trajna tradicija gozbe na otvorenom. Sretno kuhanje, entuzijaste na otvorenom!

www.ingramcontent.com/pod-product-compliance
Lightning Source LLC
Chambersburg PA
CBHW071327110526
44591CB00010B/1058